T0267454

Cómo aprender a leer tu propia carta de revolución solar

CAROLINA SOSA
OLGA GALLEGO

Cómo aprender a leer tu propia carta de revolución solar

*Descubre qué acontecimientos te sucederán
a lo largo de un año y cómo aprovechar
las mejores energías astrales*

EDICIONES OBELISCO

Si este libro le ha interesado y desea que le mantengamos informado
de nuestras publicaciones, escríbanos indicándonos qué temas son de su interés
(Astrología, Autoayuda, Psicología, Artes Marciales, Naturismo,
Espiritualidad, Tradición…) y gustosamente le complaceremos.

Puede consultar nuestro catálogo en www.edicionesobelisco.com

*Los editores no han comprobado la eficacia ni el resultado de las recetas,
productos, fórmulas técnicas, ejercicios o similares contenidos en este libro.
Instan a los lectores a consultar al médico o especialista de la salud ante
cualquier duda que surja. No asumen, por lo tanto, responsabilidad alguna
en cuanto a su utilización ni realizan asesoramiento al respecto.*

Colección Astrología
CÓMO APRENDER A LEER TU PROPIA CARTA DE REVOLUCIÓN SOLAR
Carolina Sosa
Olga Gallego

1.ª edición: abril de 2023

Maquetación: *Juan Bejarano*
Corrección: *Sara Moreno*
Diseño de cubierta: *Enrique Iborra*

© 2023, Carolina Sosa y Olga Gallego
(Reservados todos los derechos)
© 2023, Ediciones Obelisco, S. L.
(Reservados los derechos para la presente edición)

Edita: Ediciones Obelisco, S. L.
Collita, 23-25. Pol. Ind. Molí de la Bastida
08191 Rubí - Barcelona - España
Tel. 93 309 85 25
E-mail: info@edicionesobelisco.com

ISBN: 987-84-9111-976-0
DL B 5022-2023

Impreso en los talleres gráficos de Romanyà/Valls S. A.
Verdaguer, 1 - 08786 Capellades - Barcelona

Printed in Spain

A Choco, Lisa y Siro Fogo.
A Olga García Vázquez.

Querido lector:

Éste es un libro que hemos escrito pensando en ti. Una obra elaborada con el corazón y con nuestros conocimientos. La astrología es un saber fascinante, complejo y útil. Pero, para nosotras, es también una misión: la de ayudar a otras personas a conocerse, a crecer, a entenderse y a realizarse a sí mismas. Eso es lo que deseamos comunicarte cuando decimos «pensando en ti».

Y es así, además, porque queremos contarte todo lo que sabemos de forma seria, profunda, directa y sencilla, ya que consideramos que el saber debe estar al alcance de todos, también, el de la astrología. Porque es el momento de que se transforme en un conocimiento que la gente común pueda comprender. Por eso nos hemos esforzado en construir un libro práctico, didáctico y sencillo.

La obra se concentra en un solo tema: la carta de revolución solar, una predicción anual de los acontecimientos que te pueden suceder en un año, que habla asimismo sobre cómo te sentirás tú y qué fortalezas y debilidades mostrarás frente a ellos. Nuestra intención ha sido que aproveches lo positivo a tu favor y te prevengas de los aspectos negativos.

En este sentido, nos gustaría destacar que toda predicción se concreta solamente en el momento en que actuamos y según cómo lo hacemos. Es decir, que el destino lo escribimos nosotros mismos: por ello el conocimiento resulta esencial.

La carta de revolución solar es una predicción, un mensaje sobre nuestro futuro y, como tal, debe ser bien interpretado para comprenderlo. Este libro te ayudará a aprender lo que te dicen los astros correctamente, y de forma práctica, concreta y aplicable a la vida cotidiana.

Esperamos que te agrade y te sea útil.

CAROLINA SOSA (astróloga, editora y redactora de astrología)
astrourbana/carolina.sosabarrionuevo@gmail.com

OLGA GALLEGO (editora, redactora y correctora)
olga.gallegoediciondetextos@gmail.com

CAPÍTULO I

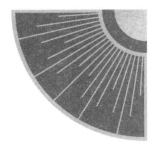

¿Qué es una carta de revolución solar y para qué sirve?

En este capítulo, te enseñamos a saber:

- ¿Qué es una revolución solar y para qué sirve? ¿Cuáles son las diferencias entre carta natal y revolución solar? Diferentes usos de la revolución solar.
- ¿Qué elementos esenciales debes tener en cuenta al leer tu revolución solar?
- ¿Cómo hacer tu revolución solar por Internet para luego aprender a leerla?
- ¿Cómo interpretar los gráficos de una revolución solar? ¿Qué significa cada sector, número, imagen, símbolo y color? ¿Cómo se lee la disposición de aspectos astrológicos dispuestos en forma de tabla?

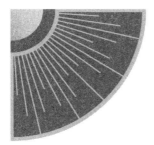

¿Qué es una revolución solar?

Una carta de revolución solar es una «foto o imagen del cielo» que corresponde al período de un año. Abarca desde la fecha de tu cumpleaños del año en curso hasta el día de tu próximo aniversario. Así se cuentan los años astrológicos, desde el día y mes en que naciste hasta el mismo día y mes del año que sigue. Cuando decimos «foto del cielo» nos referimos al gráfico, al dibujo de la carta de revolución, tal como puedes observar al final de este primer capítulo. Dicha carta es una representación simbólica, no astronómica, de la ubicación de cada planeta en cada casa astrológica, pero sí está basada en la posición astronómica real de los planetas. La revolución, dado que los planetas se mueven constantemente –unos más rápido y otros más lentamente–, no será idéntica a la de tu carta natal, ni será la misma el próximo año, ni tampoco será la misma según el lugar en el que te encuentres, elemento muy importante. Así, no es equivalente cumplir años en un país o en una ciudad que en otro; los sucesos pueden cambiar, dado que los planetas estarán ubicados en otro sitio en la carta o rueda zodiacal. ¿Por qué? Porque la carta natal y la revolución solar, así como otras cartas, tienen en cuenta no sólo el día y fecha de nacimiento, sumados a la hora y minutos en la natal, sino también el lugar en que naciste o resides en un momento dado.

¿Para qué sirve hacerse una revolución solar?

Ante todo, es útil para saber dónde se concentrará tu energía vital y en qué ámbito de la vida (según la ubicación del Sol por casas). En segundo lugar, te dirá cuál será tu estado de ánimo y cómo te sentirás frente a los sucesos a los que te enfrentarás (por la posición de la Luna por casas). Asimismo, en tercer lugar, indica cuál será tu modo de actuar, de manejarte exteriormente y de reaccionar (por el signo del ascendente). En cuarto lugar, la ubicación de los planetas anuncia acontecimientos posibles, que en ocasiones se muestran muy claramente y resultan, por tanto, altamente probables, y en otras, pueden sólo indicar la posibilidad del suceso (de acuerdo con los planetas). También señalan cómo o de qué modo sucederá algo: de modo imprevisto, drástica o violentamente, de forma suave y dulce, con facilidad o dificultad (es indicado por los aspectos entre planetas). Además, la revolución siempre señala también, como en todas las cartas astrológicas, los ámbitos concretos de la vida en que te verás afectado de acuerdo a la casa astrológica en que se hallen planetas y signos. Igualmente, hay espacios o casas de la revolución solar que nos hacen viajar a lugares de nuestro inconsciente y de nuestros miedos, denominadas *casas del alma*. Cuando, en la revolución, aparecen planetas en esos ámbitos más espirituales, sensibles, vinculados también al más allá, muchas veces, no puede saberse qué es lo que sucederá. Sin embargo, la persona lo sentirá, sabrá que algo por dentro le está aconteciendo, algo intangible y difícil de explicar, pero real. Y para eso también es útil la revolución solar, para captar esos mensajes invisibles y tratar de traducirlos en palabras a fin de ayudar a la persona.

Es decir, la revolución solar contiene información muy específica, y por ello constituye la predicción por excelencia para saber cómo te irá durante un año y es muy útil para tomar las mejores decisiones, ya que gracias a ella sabrás qué te conviene o no hacer.

¿Cuáles son las diferencias entre carta natal y revolución solar?

Ambas constituyen una representación simbólica, una «foto del cielo», que te dice cómo te afectarán los planetas con sus energías. La diferencia fundamental es que la carta natal es una imagen del cielo **estática,** que corresponde al día de tu nacimiento e indica las energías con las que naciste y estarán presentes toda tu vida. Te indica dónde están ubicadas estas potentes y facilitadoras fuerzas vitales, cuáles son las diferencias entre sí, cómo funciona cada una en nuestra existencia y en nuestro entorno, cuáles son las que fluyen de forma natural y cuáles lo hacen con obstáculos. Mientras que, la carta de revolución solar, por su parte, es una «foto del cielo» **dinámica,** que muestra la ubicación de los planetas por el breve tiempo de un año, ya sea el siguiente, el del año en curso u otro por el que quieras preguntar. Esas posiciones y sucesos serán muy distintos. Es muy importante resaltar que para que un astrólogo (o tú mismo, si sabes hacerlo) analice una revolución solar, es necesario primero estudiar tu carta natal, dado que la interpretación se completa a partir de las similitudes y diferencias que la revolución muestre con ella. Del mismo modo, cuando un astrólogo hace una revolución solar, es esencial también ver a la persona y dialogar con ella para aclarar los significados concretos de lo que está observando. En tu caso, querido lector, dado que harás tú mismo el análisis de tu propia revolución al final de la lectura de esta obra, ese diálogo deberás establecerlo contigo mismo, ya que te conoces. También has de tener en cuenta que muchas veces el astrólogo no puede ver lo que el consultante quiere saber, algo que puede pasarte a ti; es decir, no puede saberse todo. Asimismo, es posible observar sucesos dolorosos en una carta, por lo que la ecuanimidad, la tranquilidad de ánimo y el conocimiento profundo de la astrología son indispensables para hacer una buena interpretación. Para un astrólogo, escuchar al otro resulta imprescindible. Lo esencial es prestar atención profunda e intuir lo que la persona está dispuesta a explorar sobre su propia vida; aclaración que también vale a la hora de interpretarse a uno mismo.

Diferentes usos de la revolución solar

Así como una persona cumple años y quiere saber cómo le irá el año próximo, también organizaciones, países, empresas, gobiernos y sucesos o momentos ideales para que un hecho ocurra pueden ser analizados a partir de la fecha en que acontecen. Existen ramas de astrología especializadas en esos ámbitos, como la astrología política o mundana, la astrología electiva y la astrología horaria.

¿Qué elementos esenciales debes tener en cuenta al leer tu revolución solar?

Para leer tu revolución solar, debes considerar ciertos elementos que aparecerán dibujados dentro del horóscopo, Zodíaco o rueda zodiacal como protagonistas fundamentales de esta carta, en la que comenzaremos a introducirnos como si se tratara de un viaje. Seguiremos un camino que nos indicará qué es lo primero que debemos observar, qué es lo segundo, qué es lo tercero y continuaremos así sucesivamente hasta llegar al último elemento, lo que hará de esta interpretación una lectura rica, completa y, sobre todo, ordenada. Para quienes carecen de experiencia, la astrología comunica mensajes en forma de símbolos, ya sea a través de ideas o conceptos, dibujos, colores, áreas de la vida, planetas y aspectos, representados por signos gráficos que parecen navegar sobre la carta. Todo ello te estará indicando factores importantes que deberás tener en cuenta. Comencemos este viaje.

Ascendente de revolución por signos

El primer elemento y el más destacado junto con el Sol es el ascendente del año. En el caso de la revolución solar, el ascendente es el signo que tendrás ubicado en la primera casa o I de la rueda zodiacal, que abarca 12 casas. Corresponde al signo que asciende al Sol en el momento en que uno está investigando; en el caso de una revolución solar, es el signo en el que tendrás en tu ascendente durante todo el año, por ejemplo, el del año en curso. Las revoluciones suelen hacerse para el período que se extiende desde el día del cumpleaños del consultante hasta el día del aniversario siguiente. Ese signo que asciende desde el horizonte de la carta hacia el Sol será el signo de tu ascendente de revolución solar que, seguramente, no se corresponderá con el del signo ascendente de tu carta natal, ya que en tu carta natal ese signo que asciende por el horizonte al cielo depende del año en que naciste, mientras que, en este caso, estaremos analizando otro año distinto, ya sea el próximo, el año en curso o un tercero que deseemos investigar.

El signo del ascendente es uno de los elementos más importantes, ya que define cómo estarás tú durante el año, de qué manera te comportarás, cuál será tu forma, tu modo de manejarte. El ascendente, además, te muestra circunstancias posibles, es decir: qué te pasará y de qué manera.

Cuando tienes un signo ascendente de revolución diferente del natal, te sentirás atravesado por cierta sensación de cambio, estarás diferente de como habitualmente eres. No hay que olvidarse de que todos los años el ascendente cambia. Por tanto, es importante conocer nuestro ascendente natal para compararlo con el de la revolución solar y observar qué camino diferente tendrás que transitar y lo distinto que será. Por ejemplo, si tienes un ascendente natal en Leo y este año tu ascendente de revolución es en Piscis, está claro que esta energía será notoriamente distinta. Cuando el ascendente **cambia radicalmente de elemento,** en este caso, del fuego al agua, te sentirás muchísimo más permeable a acontecimientos acuáticos, a sucesos vinculados con el signo de Piscis, que a eventos que en tu carta natal del ejemplo se relacionaban con el signo de Leo. En el caso de que el ascendente por revolución sea el mismo que el natal, refuerza las características propias de la persona. Por ejemplo, si es de Acuario, se verá potenciada la naturaleza propia de ese signo.

Los elementos en la astrología y los signos

En astrología, **los elementos son cuatro: fuego, aire, agua y tierra,** y nos indican modos, formas que adquiere la acción de la persona, el cómo hace lo que hace. En el caso del ascendente, el elemento te hablará de cuál será la modalidad de tu comportamiento individual, la manera en que te moverás, cómo hablarás, el modo en que te relacionarás con los demás. Esto obedece a que el ascendente se vincula con la parte externa de la personalidad, con cómo el ser sale al exterior, mientras que el Sol se refiere a su esencia y parte interna.

En el caso de tener un **ascendente en fuego,** como el del ejemplo de Leo, el año será mucho más activo y dinámico, tendrá mucho más que ver con «poner el cuerpo», con aventurarse, con encender ciertas pasiones. Siempre hay que recordar que el fuego es un elemento que tiende a ser muy abrasador, cálido, potente y vital; pero, a su vez, también posee una característica un tanto invasiva. Así que, si tienes un ascendente en fuego, tenderás a comportarte como una persona un poco más dinámica e imperativa que alguien que tiene un ascendente en aire, quien se mostrará más fluido, permeable, más suave. Este modo o forma de comportarte también señalará la fuerza con la que actuarás, la impronta que le otorgarás a lo que realices. **Si el ascendente se encuentra en un signo de aire,** esa impronta será más intelectual, sociable, incluso lúdica, porque tiene que ver con las ideas, con el intercambio de opiniones, la curiosidad, la inteligencia.

Si el caso fuera que tuvieras un **ascendente en agua** por revolución, como el del ejemplo, el agua te hablará de una energía más sensible, asociada a la intuición, la fantasía, la permeabilidad, el deseo, los sueños. Atravesarás entonces un proceso vital mucho más emocional, aunque bastante concreto para ciertos asuntos. Por ejemplo, si tienes el deseo de decidir qué harás con tu vida, si necesitas definir qué es lo que te hace bien o qué es lo que te gusta o no, un ascendente en agua te puede ayudar. Por otro lado, recuerda que no te aportará un alto nivel de concreción, porque el agua está muy ligada a tus emociones y es común que éstas cambien.

Si tuvieras un **ascendente en tierra,** la impronta consistirá en que tenderás a concretar cosas, a dar forma a tus objetivos y tratarás de realizarlos en un tiempo real, además de darles un cierre. Las cosas de la vida con un ascendente en tierra suceden en general de forma lenta pero concreta. Por eso, si atraviesas un año con un ascendente en tierra es importante saber que puede ser un buen momento para concretar un objetivo puntual, hacer algo que posea una forma bien concreta, llegar a metas quizá vinculadas con asuntos materiales, porque la tierra está relacionada con los bienes materiales, el cuidado de las cosas, el resguardo de la materia, la conservación. Puede resultar un año interesante para avanzar en objetivos específicos.

ELEMENTOS, CARACTERÍSTICAS Y SIGNOS		
ELEMENTO	**CARACTERÍSTICAS**	**SIGNOS POR ELEMENTO**
Fuego	Dinámico, corporal, aventurero, pasional, impulsivo, cálido, potente, muy vital, invasivo, imperativo, entusiasta.	Aries, Leo, Sagitario
Aire	Intelectual, sociable, lúdico, importancia del mundo de las ideas, intercambio de opiniones, fluido, permeable, suavidad, curiosidad, inteligencia.	Géminis, Libra, Acuario
Agua	Sensibilidad, intuición, fantasía, adaptabilidad, deseos, sueños, lo inconsciente, emocionalidad, concreción en temas emocionales, variable.	Cáncer, Escorpio, Piscis
Tierra	Concreción en tiempo real de objetivos, lentitud, realismo, pragmatismo, cuidado de las cosas, resguardo de la materia y aporte de formas, conservación.	Tauro, Virgo, Capricornio

Ascendente de revolución o casa I y los planetas allí ubicados

Si en la revolución solar hay presencia de planetas en la casa del ascendente, el planeta te indicará con qué energía podrás encarar tu personalidad. ¿Qué es lo que te ayudará a desarrollar estas características del ascendente? Si aparecen planetas –y esto dependerá del planeta que se presente–, su sola presencia te dará una potencia y una fuerza especiales de acuerdo a la energía que cada planeta posee. El ascendente, volvemos a repetirlo, corresponde a la casa I del Zodíaco y es el primer factor importante que tendrás que considerar para comenzar a transitar este viaje a fin de ahondar en la revolución solar.

La casa astrológica y signo en los que aparecerá tu Sol

El tercer factor esencial en el dibujo de la revolución solar será observar dónde está el Sol. El Sol corresponde al signo de cada uno. El espacio donde tu Sol se encuentre corresponderá a la casa o al área astrológica donde estará tu signo. Y esta presencia del Sol resulta fundamental, porque te indicará a qué área o áreas de la vida le darás más importancia este año. La influencia del Sol de revolución dependerá en todo de la posición o casa astrológica en la que se encuentre ubicado. No es lo mismo que se halle en I, que en II y así sucesivamente hasta la casa XII, porque a cada casa corresponden áreas de la vida muy distintas.

El mensaje del astro rey por casas (tu signo de revolución) es comunicarte que, si desarrollas esa área o ámbito de la vida, te sentirás pleno, feliz, lograrás que el Sol brille, y que tú estés brillante y luminoso, siempre que puedas realizar la fuerza del Sol en el área determinada en que aparezca.

LOS 12 SIGNOS, SUS SÍMBOLOS Y SU NATURALEZA		
SIGNO	**SÍMBOLO GRÁFICO**	**NATURALEZA**
Aries	♈	Pionero, muy activo, impulsivo, agresivo, apasionado, creativo, heroico, valiente, luchador.
Tauro	♉	Receptivo, pasivo, hedonista, posesivo, cuidador del otro, sensible, amante de la estética, honesto, fuerte, artístico.
Géminis	♊	Curioso, inteligente, intelectual, inestable, dubitativo, sensible, muy hábil en la comunicación.
Cáncer	♋	Receptivo, protector, sentimental, emotivo, cambiante anímicamente, introspectivo, sensible, hogareño, dulce, creativo.
Leo	♌	Dinámico, dominante, protector, egocéntrico, generoso, vital, amante de los lujos, noble, alegre, creativo.
Virgo	♍	Analítico, crítico, discriminativo, irónico, ordenado, minucioso, pulcro, inteligente, cuidador del otro, elegante, suave, dulce.
Libra	♎	Diplomático, muy sociable, amante de la estética, encantador, galante, seductor, empático, equilibrado, dulce, amoroso, creativo, artístico.
Escorpio	♏	Defensivo, comprometido, resistente, ambicioso, controlador, intenso, apasionado, extremista, emocional, sensible, psíquico.
Sagitario	♐	Amante de la libertad, entusiasta, idealista, optimista, divertido, sentido del humor, aventurero, profundo, pasional, buscador de la verdad y de la justicia.
Capricornio	♑	Responsable, serio, constante, objetivo, concreto, ambicioso, ordenado, voluntarioso, austero, respetuoso de la ley y los otros, maduro.
Acuario	♒	Individualista, amante de la libertad, intelectual, original, abierto, intuitivo, comunicativo, muy sociable, transgresor, vanguardista, excéntrico, artístico, inventor.
Piscis	♓	Servicial, influenciable, compasivo, psíquico, hipersensible, emocional, artístico, solidario, espiritual, místico.

Signo Lunar de revolución por signos y casas astrológicas

La cuarta variable fundamental de una revolución solar es ubicar la posición de la Luna, saber en qué área del Zodíaco se encontrará. La Luna es el planeta que rige la afectividad y el mundo emocional, todo lo vinculado con la calidez, las fantasías, la intuición, las fibras más internas que te influyen a nivel emotivo, tu capacidad de querer, tu capacidad de cuidar, de pedir ayuda, tu niño interno, la maternidad, tu hogar, la infancia. **La casa en la que esté ubicada la Luna** te dirá cómo te sentirás y definirá tu **signo lunar de revolución.** Por eso muy importante saber el signo de la Luna que, al igual que el del Sol, modificará seguramente tu Luna natal. Así, de la misma manera que en la carta natal el signo de la Luna define la Luna que tendrás durante toda tu vida, en este caso, el signo de tu Luna de revolución te afectará durante todo un año y debes recordar que no necesariamente coincidirá con tu Luna natal. Esto significa que te encontrarás emocionalmente teñido por la energía de un signo determinado. Así sabrás en qué área de la vida te mostrarás emocionalmente predispuesto a realizar ciertas actividades, a denotar mayor fluidez, a tener capacidad para creer, amar, sentir o cuidar. La casa de la Luna determinará todos estos aspectos. Si la Luna de revolución coincidiera con la natal, te sentirás aún más cómodo con la naturaleza de tu signo lunar, a la vez que mucho más sensibilizado.

Signo de revolución en el medio cielo (MC) o casa X. Signo de revolución en el fondo de cielo (IC) o casa IV. Signo de revolución en el descendente o casa VII

Vamos a continuar hablando de otros factores dentro de la carta de revolución solar que te indican más aspectos importantes. Así como comenzamos con el signo del ascendente, ubicado en la casa I, ahora nos concentraremos en el **signo del descendente, ubicado en la casa VII,** exactamente opuesta en la rueda zodiacal al ascendente. Asimismo, observarás el **signo del fondo de cielo, en la casa IV,** que es el punto más bajo de la carta, ubicado en la parte más inferior del círculo, así como miraremos el signo del **medio cielo o casa X,** opuesto al del fondo de cielo, y que constituye el punto más alto, superior o elevado de la carta.

Por último, así como el **ascendente** está conectado con cómo somos, con las formas, la personalidad, el modo de comportarnos, la forma de exteriorizar nuestros deseos, todo lo vinculado con los demás, con el mostrarse, el aparecer ante otro, todas esas características propias y personales, en este caso, se encontrarán influidas o imbuidas por la naturaleza del signo del ascendente que el año indique. Lo mismo lo observaremos en el del **descendente, que representa al otro y a los otros, lo opuesto a mí mismo.** Así, el descendente te dirá cómo se presentará el otro frente a ti, qué otro te hará de espejo, con qué otro compartirás sucesos, conflictos, encuentros. Si tenemos un ascendente en un signo determinado, el descendente se hallará en el signo opuesto.

Del mismo modo, en el **fondo de cielo,** en la casa IV, que es la casa que corresponde a tus emociones, tu familia, el hogar, el clima del que te has nutrido desde la infancia, así como el ámbito de los sueños, la maternidad y todo lo ligado a las raíces de la infancia, la nutrición y lo emocional, ese signo del fondo de cielo te dirá cómo estarás en el ámbito familiar durante el año. Por el contrario, su emplazamiento opuesto, el **medio cielo,** el punto más elevado de la carta, se refiere a la salida al mundo. Así como el fondo de cielo simboliza el espacio más interno, tu refugio, tu tesoro más emocional y tu familia, allí donde eres protegido y contenido, el medio cielo representa precisamente lo contrario. Es el espacio donde nadie te protege, donde sales al mundo a luchar, a mostrarte, a obtener resultados, a titularte en una carrera, el ámbito en que te pones metas, objetivos, el lugar de tu profesión, vocación, reconocimiento social, éxitos: de eso nos habla la casa del medio cielo o casa X. Por lo tanto, el signo y planetas allí ubicados te darán información de

LAS 12 CASAS ASTROLÓGICAS Y LAS ÁREAS DE LA VIDA	
CASAS ASTROLÓGICAS	**ÁREAS DE LA VIDA QUE REPRESENTAN**
Casa I (1) (ascendente)	La persona misma, la personalidad, el temperamento, la constitución física, el aspecto exterior. Cómo nos mostramos ante los otros y la sociedad, cómo nos comportamos. Tercer signo o factor en importancia en una carta natal o de revolución, después del Sol y la Luna.
Casa II (2)	Los recursos personales y económicos, nuestras posesiones y saberes, cómo nos manejamos en este ámbito.
Casa III (3)	El pensamiento y la comunicación. La forma de pensar y comunicarse. Los hermanos, los estudios primarios, los amigos de la infancia.
Casa IV (4) (fondo de cielo o IC)	Las raíces, el origen, el hogar, la madre, la maternidad, la forma de querer, la nutrición material y emocional. Lo interno y profundo. Cómo somos en familia. Cómo fue nuestra infancia.
Casa V (5)	La creatividad, todas las expresiones creativas y lúdicas, las relaciones amorosas pasajeras y el sexo, el placer, la diversión, los vínculos con niños.
Casa VI (6)	El trabajo cotidiano y su ámbito, nuestra salud y su cuidado, también el servicio al otro.
Casa VII (7) (descendente)	El otro, los otros, cómo nos relacionamos con la pareja o matrimonio y socialmente, qué personas nos atraen o llegan a nuestra vida.
Casa VIII (8)	La muerte, los recursos vinculados al otro, las herencias, las pérdidas materiales, la sexualidad.
Casa IX (9)	Los ideales, la filosofía de vida, la búsqueda de la verdad, nuestra visión del mundo, la espiritualidad, los viajes, el extranjero.
Casa X (10) (medio cielo o MC)	La profesión y la vocación. Nuestra salida al mundo, el padre, el éxito o reconocimiento social, nuestro desarrollo en la vida.
Casa XI (11)	Los amigos, los grupos de amigos y creativos. Cómo nos manejamos en estos ámbitos. La solidaridad.
Casa XII (12)	El área en que el yo desaparece. El espacio del antes y del después de la vida. El más allá. El inconsciente. El exilio, sitios de internación y encierro (cárceles, hospitales, psiquiátricos, lugar de retiro espiritual). El alma, aquello que no puede salir a la luz, lo más interno, aquello que nos trasciende.

estos ámbitos de tu existencia. Estos cuatro elementos: ascendente, fondo de cielo, medio cielo y descendente constituyen cuatro puntos muy importantes para ser analizados, esencialmente por signos y casas y, por supuesto, si hay presencia planetaria, el planeta te señalará de qué modo podrás realizarte en las áreas de la vida que hemos mencionando.

Los planetas de revolución que aparecen en cada casa astrológica y su importancia

La carta natal y la revolución solar están representadas por un círculo perfecto denominado horóscopo, Zodíaco o rueda zodiacal de 360 grados, dividido en 12 casas astrológicas de 30 grados cada una, cuyo orden se cuenta de la I a la XII, de izquierda a derecha, y la casa I es la que corresponde al ascendente. Se escriben en números romanos.

Hemisferios y cuadrantes

Podemos **dividir a su vez a este círculo con dos líneas, una vertical y otra horizontal.** De este modo, observaremos cuatro áreas llamadas **hemisferios: el hemisferio sur o inferior, el hemisferio norte o superior, el del este o derecho y el del oeste o izquierdo.** Estas líneas dividen la rueda zodiacal al mismo tiempo en **cuatro cuadrantes.** Se trata de una mirada más global, por así decirlo, de la carta, en este caso, de la revolución solar. Es decir, aquí observaremos los signos y presencia planetaria por zonas. Los signos y las casas de tu revolución solar de los que hemos estado hablando te indican **en qué sentido cardinal está ubicada la carta.** Porque cada sector, como señalamos, te señala si estás observando energías relacionadas con aspectos más interiores o más exteriores, hecho que será reforzado por la presencia de planetas en cada sector. Todo ello te comunica cuál será el trabajo que tendrás que hacer contigo mismo en el año. Muchas veces, el dibujo se distribuye de formas extrañas, hay muchas formas distintas. Pero, de modo general, diremos que, si hay **presencia planetaria fuerte en el hemisferio sur o inferior,** esto te indica que tendrás que realizar un **trabajo personal más referido tu interior,** a tu crecimiento, ya sea vinculado a tu personalidad o conectado con lo que posees o las cosas que logras, los estudios, lo que sientes en tu familia, tu creatividad, tu trabajo y tu salud. Si hablamos, por el contrario, del **hemisferio superior o norte,** toda la información planetaria de este hemisferio superior se referirá a **los demás, al otro,** a lo que te sucede con ese otro, con las ideas, la idealización, los sueños, los viajes, tus metas, tu profesión, los grupos sociales, los amigos, y también, con la ayuda, la solidaridad, la comprensión del todo. De este modo, hemisferios y cuadrantes te aportan información sobre cuál será el **tema dominante del año** desde el punto de vista de la energía que regirá el período y en qué ámbitos concretos de la vida. Es decir, te indicará dónde pondrás tu energía, si en un trabajo más personal, más social o más transpersonal, relacionado con cumplir una función social que ayude a los demás. Lo verás analizando cómo se distribuyen los planetas por casas; así podrás realizar un balance, una síntesis y saber de qué manera te sucederán acontecimientos en el año. Por su parte, el hemisferio izquierdo de la revolución se refiere a asuntos vinculados con los otros en grupo y con temas del alma, espirituales y del más allá, así como con todas las casas vinculadas directamente con la persona y el yo. Mientras que el hemisferio derecho alude a asuntos principalmente conectados con el trabajo y el servicio a otros, y con el vínculo con el otro y con los ideales.

Significado de cada planeta –Sol, Luna, Mercurio, Venus, Marte, Júpiter, Saturno, Urano, Neptuno y Plutón– y su posición en cada casa o área de la vida

Ahora nos referiremos a los **protagonistas de la carta de revolución solar: los planetas.** Los planetas son las energías máximas que te indicarán la forma en la que sucederán los acontecimientos. De qué manera podrás desarrollar las habilidades y las fortalezas que tendrás durante el año en curso que estás observando, y también cuáles no serán tus fortalezas, sino tus debilidades, complicaciones, trabas, obstáculos. Los planetas te **indicarán la forma en la que los sucesos acontecerán** y estarán distribuidos dentro de la división de 12 casas astrológicas, que abarcan cada uno de los distintos ámbitos de la vida, por lo que sabrás concretamente en qué áreas podrás verte afectado. Es importante reconocerlos como los **protagonistas de este viaje** o análisis de la revolución solar, porque ellos te dirán todo. Independientemente de la casa astrológica o del signo en el que esté la casa, el planeta es el que nos señalará la forma en que acontecerán los sucesos. Hay que aclarar que la Tierra no figura como planeta, ya que constituye el punto de vista, el lugar desde el que miramos al cielo donde están los verdaderos protagonistas.

Los planetas de la astrología son: el Sol, la Luna, Mercurio, Venus, Marte, Júpiter, Saturno, Urano, Neptuno y Plutón. Hay planetas que tienen características muy fuertes, muy marcadas, muy específicas, por lo que es importante evaluarlas de acuerdo a lo que a uno le interese conseguir.

¿Qué queremos decir? **Los planetas no son malos o buenos, son energías.** Algunos tienen mucha energía para poder desarrollarse y hay que tener cuidado en cómo las utilizamos y para qué. Es decir, lo que hagamos con esas energías depende, en definitiva, de nosotros.

Comenzaremos por **el Sol,** que es el planeta del que ya hablamos, y es el que define lo que uno es, la energía vital. Este planeta **es esencial en una revolución solar,** es lo primero que uno mira junto con el ascendente. **La Luna** se vincula con las emociones y también la vamos a observar para saber con qué estado de ánimo y cómo te sentirás en el año. **Mercurio** es el comunicador, el que intercambia información, el curioso, el inteligente, es el planeta que rige la comunicación y el pensamiento, es el que hace que podamos hablar, que podamos poner en palabras, escribir, que consigamos expresarnos. Los planetas que seguirían a nivel de importancia después del Sol y la Luna, aunque se los nombre más adelante, ya que están más alejados de la Tierra, son **Venus y Marte,** nos hablan del deseo, la sexualidad, la sensualidad y la vitalidad. **Venus,** desde un lugar más amoroso, tiene que ver con el dar, con las artes, el amor, con la belleza, el encanto, la seducción, con todos los procesos amorosos. Es uno de los planetas más significativos y más visibles, porque, cuando hay un tránsito o un paso de Venus por nuestra vida, nos modifica mucho. Por otro lado, el otro planeta vital es Marte. **Marte** se vincula con la energía concreta, con la capacidad de luchar, con el deseo, el hacer, el salir a lo exterior, con la guerra. Marte es el guerrero, el que se muestra, el que lucha, el que va con una espada a pelear contra todo.

Saturno representa los límites, las reglas, la ley, el tiempo, el paso del tiempo. Saturno es el ente regulador de nuestra conciencia. Es un planeta que está relacionado con las cosas que cuestan, con los obstáculos.

Júpiter, por el contrario, es llamado «el Gran Benefactor». La casa en la que cae Júpiter en una revolución solar es donde vamos a tener suerte, el ámbito en que nos irá bien, en que podremos abrirnos al mundo, expandirnos. Está relacionado con juego, el sentido del humor, la diversión; carece de fronteras, hace que puedas soñar e imaginar. Es importante ver bien dónde estará en el año, porque allí donde esté Júpiter, seguramente tendremos suerte, poca o mucha, pero suerte, facilidad, expansión.

Neptuno, por su parte, es el planeta de las ilusiones, las fantasías y los sueños; un astro que también tiene que ver con los miedos, el inconsciente, con todo aquello que fluye, con la capacidad de fantasear, de soñar. **Urano,** último planeta descubierto, es el astro de los cambios, las grandes transformaciones, las ideas nuevas, todo lo avanzado, con el futuro, con el iluminarse y el sentir que se te ocurrió una idea que salió de la nada, un concepto o visión distinta y diferente de lo conocido. Y, por último, se encuentra **Plutón,** el planeta ligado a las grandes transformaciones que, por otro lado, está conectado directamente con el sufrimiento, el dolor, las pérdidas, la muerte, con modificar ciertos asuntos de una forma bastante radical, cosa que hace que muchas veces uno lo pase mal o se sienta un poco extremado, un poco perdido; hecho que resulta a veces necesario para poder crear nueva vida, para transformar aquello que quizá ya no es importante que esté o que ya es necesario que se vaya. Estos dos planetas marcarán una impronta y características muy notorias. No pasan desapercibidos, tanto Urano como Plutón son planetas muy potentes, por lo que si tienes un tránsito de Urano sobre una casa importante, es seguro que cambiarás mucho y te transformarás profundamente. Por ejemplo, los cambios de domicilio, las mudanzas, las separaciones son todos sucesos que observamos a menudo con tránsitos de Urano o de Plutón. Algunos problemas concretos puedes verlos con un tránsito de Saturno y, si te enamoras, un tránsito de Venus será quien te lo dirá. Cuando te va bien, cuando tienes suerte en algo, o consigues un trabajo, lo verás con un tránsito de Júpiter. Y si ganas o te va bien en una competición, lo observarás en la carta de revolución con un tránsito de Marte. Es decir, todos estos planetas son los protagonistas esenciales en astrología. De hecho, la astrología es un conocimiento que nació a partir de investigarlos a ellos, los planetas, los protagonistas, que son quienes nos modifican en la Tierra con sus influencias invisibles, ellas nos alcanzan en terrenos concretos y nos marcan el camino a seguir.

SÍMBOLOS GRÁFICOS Y ENERGÍA DE CADA PLANETA		
PLANETA	**SÍMBOLO GRÁFICO**	**ENERGÍAS**
Sol	☉	Define lo que uno es, la esencia de la persona, la energía vital. El signo del Sol corresponde a lo que comúnmente llamamos «signo» del individuo. Se vincula con el yo, la autoexpresión, la individualidad, la vitalidad, la energía interna personal, los valores. Rige al signo de Leo.
Luna	☽	Regula las emociones, el estado de ánimo, los sentimientos. Define la afectividad de la persona, su capacidad de nutrir, dar amor y cuidado. Está relacionada con la familia, el pasado, la tradición, el inconsciente, la intuición, la sensibilidad, aquello que condiciona. Por eso, corresponde a la casa IV de la familia y es quien rige al signo de Cáncer.
Mercurio	☿	Domina el mundo de la comunicación, el lenguaje y el pensamiento. Es el comunicador, el que intercambia información, el curioso, el inteligente, el intelectual, el escritor, el mediador, el razonable y razonador. Nos ayuda a expresarnos, a transformar en palabras. Rige a los signos de Géminis y Virgo.
Venus	♀	Vinculado con el amor, la sexualidad, la vitalidad, el deseo, influye en todo proceso afectivo y amoroso. Se relaciona con el dar, el compartir, las artes, la belleza, el encanto, la seducción, la armonía. Es regente de los signos de Tauro y Libra.
Marte	♂	Representa junto a su pareja, Venus, el otro planeta vinculado con el deseo, la sexualidad y la vitalidad, pero de un modo más impulsivo e intenso. Se vincula con la energía concreta, la capacidad de luchar, de hacer, de iniciar, de salir al exterior, la fuerza de la voluntad individual, da gran energía y empuje. Es el guerrero, el que lucha y acomete contra todo provisto de su espada. Rige al signo de Aries.

PLANETA	SÍMBOLO GRÁFICO	ENERGÍAS
Júpiter	♃	Considerado «el Gran Benefactor», es el planeta de la expansión. Está relacionado con el juego, el sentido del humor, la diversión, el encanto. No tiene fronteras, hace que puedas soñar e imaginar. Es un buscador de la verdad, de la filosofía de vida. Se vincula con las aventuras, los ideales y los viajes. Rige al signo de Sagitario.
Saturno	♄	Considerado antaño un planeta maléfico, en realidad, Saturno es el ente regulador de nuestra conciencia. Representa los límites, las reglas, la ley, el tiempo, el paso del tiempo. Se refiere a asuntos difíciles, que cuestan esfuerzo, así como los obstáculos y las restricciones. Rige al signo de Capricornio.
Urano	♅	Urano es el astro de los cambios repentinos, las grandes transformaciones, la libertad individual, la rebeldía, la afirmación del yo, las ideas nuevas, todo lo avanzado, el futuro, las ideas que salen de la nada, iluminadas, vanguardistas, distintas de lo rutinario y conocido. Produce cambios abruptos a nivel social y personal. Rige al signo de Acuario.
Neptuno	♆	Es el planeta de las ilusiones, las fantasías y los sueños, el inconsciente, lo que trasciende al ego y es transpersonal, nos habla del espíritu, del alma, el más allá, los fenómenos paranormales e intuitivos, la música, las artes. También tiene que ver con los miedos, con todo aquello que fluye, con la capacidad de fantasear, de soñar. Rige al signo de Piscis.
Plutón	♇	Ligado a las grandes transformaciones históricas y personales, también genera cambios, pero a un nivel más profundo. Se vincula directamente con el sufrimiento, el dolor, las pérdidas, la muerte. Su energía es radical, extrema, intensa y poderosa. Es un gran transformador que destruirá para volver a crear una vida nueva. Rige al signo de Escorpio.

Los aspectos

Los últimos elementos que debes tomar en cuenta entre los más importantes que luego detallaremos son los llamados «aspectos». Los aspectos en una carta de la revolución solar puedes verlos en las rayas de colores que atraviesan el gráfico incluido al final de este primer capítulo, y con otros símbolos en la tabla inferior del gráfico de la carta de revolución que reproducimos. **Los aspectos comunican a un planeta con otro y a un área o casa de la carta con otra.** El **color de las líneas** indica **si la energía fluye fácilmente o con dificultades:** los tonos azul y verde son los positivos, los rojos, negativos. Los aspectos indican un camino de la comunicación, un sendero de buen o mal tránsito de la energía. Si hay un planeta que está conectado con otro con una raya roja, te indicará que la energía que tienen los planetas saldrá de forma incorrecta, o muy bruscamente, o que no fluirá como corresponde. Lo negativo del aspecto te avisará de complicaciones, trabas, contradicciones, esfuerzos. Por el contrario, si tienes un aspecto bien logrado en la carta, te indicará lo contrario. Cuando uno tiene un aspecto de color azul, nos habla de que ese camino de comunicación es fluido, que la energía saldrá sin problemas, que será fácil, que te indica que las cosas ocurrirán de la mejor manera, que te sentirás bien y confiado. **Es muy importante analizar los aspectos de una carta,** porque en definitiva nos indican qué tal irán las cosas. En el caso del **trígono,** marcado por una línea verde, indica un aspecto de **fluidez** que nos dice que entre un planeta o casa y otro u otra, esa energía fluirá de modo correcto, sin trabas, con facilidad. Es un aspecto de fluidez y comunicación. En el caso de las **cuadraturas,** las líneas son de color rojo, así como en las **oposiciones.** Una cuadratura es un aspecto de **tensión,** que señala algún tipo de problema, algo puede suceder y hay que tener en cuenta que no te resultará fácil, que te costará, sea lo que sea. La **oposición,** por su parte, indica el enfrentamiento de un planeta con otro. Las oposiciones son carriles de tensión también, pero no son tan negativos como las cuadraturas, establecen una conversación, una dialéctica: o te ubicarás más en una posición o en la opuesta; es un aspecto extremo, que te lleva a sentirte como de un planeta o del contrario. Pero, al fin y al cabo, lo que se establece es una especie de diálogo y una resolución, que resulta más positivo que una cuadratura, ya que en una cuadratura directamente hay una pelea, hay una lucha y una tensión permanente.

SÍMBOLOS GRÁFICOS DE LOS ASPECTOS Y SU SIGNIFICADO		
ASPECTO	**SÍMBOLO**	**SIGNIFICADO**
Cuadratura	□	Aspecto negativo, color rojo. Los planetas están separados por 90 grados. La energía fluye como una tensión permanente entre planetas que se excluyen entre sí. Obliga a la persona a trabajar sobre los ámbitos de la vida en tensión, ya que indica deseos y necesidades que van por caminos muy diferentes o la bloquea.
Oposición	☍	Aspecto negativo, color rojo. Los planetas están separados por 180 grados. La energía fluye en sentido contrario y complementario entre dos planetas opuestos. La relación entre planetas es tensa, pero dialógica, hay una resolución en general positiva.
Quincuncio	⚻	Aspecto negativo, color rojo. La energía fluye con dificultad entre planetas y casas. Liz Greene dice que es neutral.
Trígono	△	Aspecto positivo, color verde. Los planetas están separados por 120 grados. La energía fluye fácilmente entre los planetas y casas e indican un suceso o energía rica y poderosa.
Sextil, semisextil	⚹	Aspecto positivo, color azul. Los planetas están separados por 60 grados. La energía fluye sin problemas ni obstáculos entre planetas y casas. Suele ser armonioso.
Conjunción	☌	Aspecto que suma la energía de dos planetas ubicados en la misma casa. Están juntos y, si es perfecta, están a 0 grados de separación, pero no siempre es así. En general, es armonioso, pero resultará negativo, positivo o neutro, según la naturaleza de los planetas, ya que pueden aunarse fuerzas que ayuden u obstaculicen a la persona, o que se anulen u opaquen entre sí.

Después, hallamos a los **sextiles y semisextiles,** que son también elementos de fluidez, que hablan asimismo de una **comunicación bastante fluida** y bien dada. Luego encontramos a las **conjunciones,** que acontecen cuando un planeta está al lado del otro, juntos, algo que puede observarse a simple vista muchas veces en un cielo estrellado. ¿Qué es lo que hacen las conjunciones? **Suman energías,** por lo que la energía de un planeta se potencia con la del otro. A veces, resulta muy positivo y otras ocasiones, no tanto, dependerá de los planetas, de la casa astrológica en la que estén ubicados en la carta y también de la intención de cada persona, de lo que quieras hacer tú con estas energías. Luego siguen los **quincuncios,** que generalmente se ven en la carta como verdes. También se trata de **aspectos negativos,** de tensión, que traen problemas, que pueden generar una energía un poco más emocional o más física, ya que siempre se vinculan con alguna dolencia física. Lo dicho sólo abarca líneas generales, pero en principio éstos son los más importantes, los que siempre hay que considerar al analizar una revolución solar.

Para concluir esta introducción, lo más importante es destacar que **el orden que hemos indicado constituye la secuencia fundamental que debes seguir** para comenzar a hacerte una idea de qué te está diciendo la revolución solar sobre tu año: con qué energías estarás, cuáles serán positivas, cuáles no, dónde se encontrará tu ascendente; dónde estará tu Sol; dónde tu Luna; qué planetas aparecen, en qué casas y qué aspectos hay entre ellos. Lo señalado es lo esencial que debes saber para tener un pantallazo general sobre lo que te deparará el año.

¿Cómo hacer tu revolución solar por Internet para luego aprender a leerla?

Como señalamos, para realizar la carta de revolución solar, primero debes hacer tu carta natal, dado que ambas están relacionadas y representan dos fotos del cielo. Mientras la carta natal es una imagen simbólica estática de dónde estaba cada planeta según tu día, hora y minutos exactos, así como lugar de nacimiento, la revolución solar constituye una imagen dinámica de la posición de los planetas en un año determinado. Comúnmente, es el que transcurre entre un cumpleaños y el próximo, pero también puede hacerse sobre cualquier otro año, pasado o futuro. En este caso, harás una revolución solar del año en curso, es decir, 2022.

¿Cómo se realiza el cálculo de la revolución solar?

Para construir esa imagen simbólica, se realizan cálculos complejos que sitúan con precisión a los planetas en la carta. Antes, estos cálculos matemáticos y geométricos eran realizados a mano por los astrólogos.

Hoy se hace por Internet. Lo importante es elegir **una buena página web que haga un cálculo fiable de la carta.** Hay varias páginas en la red para hacerlo. De las más conocidas, consideramos que la mejor es **Astrodienst (www.astro.com)** de la respetada astróloga Liz Greene, por eso te la recomendamos.

¿Cómo hacer la carta de revolución?

- En la página de Google, escribe «Astrodienst en español». Se abrirá la página, pero en español, por este motivo es más práctico entrar a través de Google.
- Busca, en la parte superior, la opción «Horóscopos gratuitos» y, dentro de ella, «Dibujos, cálculos, datos».
- Selecciona «Dibujo de la carta», dado que primero debes hacerte tu carta natal. Pon los datos que te solicitan y clica al final para ver la carta. Hecho esto, vuelve a la página anterior, con la flecha superior de la página para retroceder.
- Vuelve a buscar la opción «Horóscopos gratuitos» y ahora, dentro de ella, «Extensa selección de cartas». Clica donde dice

«Tipo de carta» y busca hacia abajo en el listado hasta encontrar la opción «carta de revolución solar». Haz clic allí y tu carta de revolución solar se abrirá inmediatamente. Si pones «imprimir», se descargará un pdf con la imagen de la carta y podrás guardarla en tu ordenador.

Para quienes pueden elegir cumplir años en otro sitio del planeta

Dado que tanto las posiciones de la carta natal como de la revolución solar dependen no sólo de tu fecha, hora y minutos de nacimiento, sino también del lugar, en el caso de la revolución solar, la predicción varía según el sitio que elijas para cumplir años y residir. Es decir, cambiar de lugar de residencia modifica la predicción. Por supuesto, no es algo accesible económicamente para el común de la gente, pero sí queremos informarte que dicha posibilidad existe y que hay personas que eligen el lugar que más les conviene predictivamente para vivir su año de revolución solar.

¿Cómo interpretar el gráfico de tu carta de revolución solar?

A continuación, reproducimos una carta de revolución solar de la astróloga autora de esta obra, Carolina Sosa, lectura que hallarás al final de este libro como colofón y síntesis, que narra de forma coloquial y clara su interpretación.

Gráfico de la carta de revolución

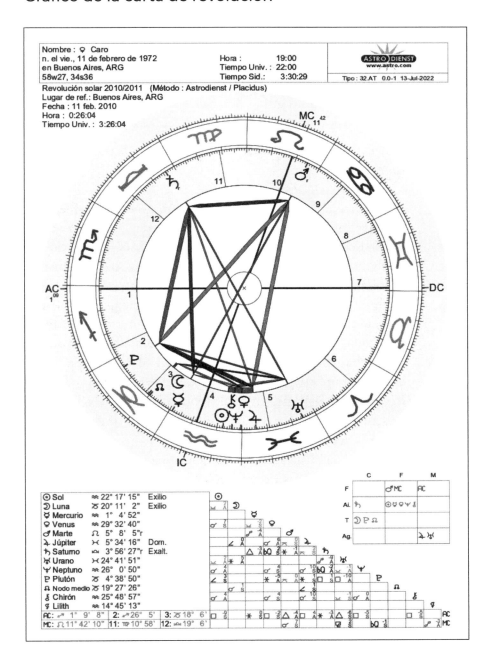

Nombre : ♀ Caro
n. el vie., 11 de febrero de 1972
en Buenos Aires, ARG
58w27, 34s36

Hora : 19:00
Tiempo Univ. : 22:00
Tiempo Sid.: 3:30:29

ASTRO DIENST
www.astro.com

Tipo : 32.AT 0.0-1 13-Jul-2022

Revolución solar 2010/2011 (Método : Astrodienst / Placidus)
Lugar de ref.: Buenos Aires, ARG
Fecha : 11 feb. 2010
Hora : 0:26:04
Tiempo Univ. : 3:26:04

⊙ Sol	♒ 22° 17' 15"	Exilio
☽ Luna	♑ 20° 11' 2"	Exilio
☿ Mercurio	♒ 1° 4' 52"	
♀ Venus	♒ 29° 32' 40"	
♂ Marte	♌ 5° 8' 5"r	
♃ Júpiter	♓ 5° 34' 16"	Dom.
♄ Saturno	♎ 3° 56' 27"r	Exalt.
♅ Urano	♓ 24° 41' 51"	
♆ Neptuno	♒ 26° 0' 50"	
♇ Plutón	♑ 4° 38' 50"	
☊ Nodo medio	♑ 19° 27' 26"	
⚷ Chirón	♒ 25° 48' 57"	
⚸ Lilith	♒ 14° 45' 13"	

| AC: ♐ 1° 9' 8" | 2: ♐ 26° 5' | 3: ♑ 18° 6' |
| MC: ♌ 11° 42' 10" | 11: ♍ 10° 58' | 12: ♎ 19° 6' |

Datos en la parte superior

Como podrás observar, en la parte superior de la carta, aparecen el nombre de la persona, la fecha, la hora, los minutos, la ciudad y el país de nacimiento. Revisa que los datos personales que has introducido sean los correctos; si no fuera sí, vuelve a introducirlos.

¿Qué significa cada sector, número, imagen, símbolo y color?

- Como hemos señalado, la carta es un **círculo perfecto de 360 grados,** denominado horóscopo, Zodíaco o rueda zodiacal. Como has visto en la extensa selección de cartas, existen numerosas opciones de predicciones, cada una con un objetivo astrológico concreto.
- Dicho círculo está **dividido en 12 casas** astrológicas, de 30 grados cada una, que corresponden a áreas o ámbitos específicos de la vida. Verás que las casas **están numeradas, de izquierda a derecha, con números arábigos, del 1 al 12;** aunque cuando se las nombra, por tradición, éstas se escriben con números romanos, (casa I, casa II, etc.). Observarás, además, que cada casa está marcada por una raya, que **delimita dónde comienza y dónde termina cada casa astrológica.**
- A continuación, observarás los hemisferios y cuadrantes a los que nos hemos referido, marcados por las líneas vertical y horizontal que cruzan la carta. Esas líneas se trazan a partir de la posición del ascendente de revolución. En este caso, el ascendente es el signo de Sagitario y ésa es la casa 1. Por lo tanto, la sucesión de casas continuará de la 1 a la 12, siguiendo el orden de los signos. Si comienza en Sagitario, la 2 estará en Capricornio, la 3, en Acuario y así sucesivamente. Dentro de cada casa, puedes ver los símbolos gráficos que corresponden a cada signo y planeta que aparezca.

¿Cómo se lee la disposición planetas y aspectos dispuestos en forma de tabla?

En la parte inferior del dibujo, observarás la misma información de la carta de revolución solar, que, en lugar de estar dispuesta como una imagen circular, aparece en forma de tabla. A la izquierda de la tabla, verás los planetas y su símbolo gráfico y, a la derecha, su posición en la carta de revolución. Los aspectos o energías que conectan a los planetas entre sí se leen en forma de coordenadas, buscando el símbolo que conecta al planeta del plano vertical con el del horizontal. Allí donde se cruzan, está marcada la relación con un símbolo. Así, por ejemplo, en esta carta, el Sol está en conjunción con Venus.

CAPÍTULO II

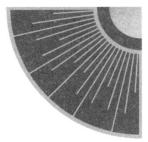

El signo del ascendente y sus mensajes en tu revolución solar

En este capítulo, te enseñamos a saber:

- ¿Qué te dice el signo de tu ascendente de revolución?
- ¿Cuál es el mensaje de cada uno de los 12 signos ascendentes?

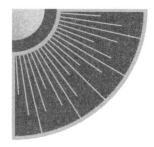

¿Qué te dice el signo de tu ascendente de revolución?

Como señalamos en el capítulo anterior, el ascendente astral de la revolución solar no será siempre el mismo, cambia año tras año, y será distinto de tu ascendente natal. Esta es la primera energía en la lectura de la revolución solar que requerirá nuestra atención, en tanto no coincida con nuestro ascendente natal. Así, año tras año, habrás transitado diferentes ascendentes que produjeron en ti grandes cambios. Pudiste conseguir logros, aprendiste cosas nuevas, atravesaste dificultades, contradicciones, tuviste facilidades o debilidades. Éste es el tipo de información que te dirá puntualmente el ascendente de revolución solar: reconocer áreas, partes, aspectos, características de tu personalidad como diferentes a las que naturalmente posees. ¿A qué nos referimos con «áreas de la personalidad»? Por ejemplo, a que podemos reaccionar de formas desconocidas incluso para nosotros mismos por tener un ascendente de revolución determinado. Y, en la lectura de la revolución, este cambio se verá reforzado si hay presencia planetaria en la casa I o del ascendente. De este modo, el signo de esta casa nos indicará con qué energías contamos, cómo vamos a fluir en nuestra existencia, de qué modo nos comportaremos, de qué forma nos relacionaremos con los demás. Sumado a ello, si hay información planetaria en el ascendente, es decir, planetas allí ubicados, éstos señalarán de forma muchísimo más clara y potente las energías con las que contaremos.

¿Qué información nos comunica el ascendente astral?

El ascendente astral revela nuestra personalidad, nuestro carácter, nuestra conducta, nuestra forma de ser, la manera de expresarnos, nuestros gustos, el talante al relacionarnos con el otro, de qué modo llegamos a él, con qué estilo nos movemos, de qué manera nos comportamos físicamente, cómo respiramos, cómo olemos, qué nos agrada, qué nos desagrada. El ascendente es una energía muy externa, que sirve específicamente para manifestar cada uno de estos aspectos personales, y dado que estas características nos conectan con el exterior y con el otro en particular, sirven energéticamente a ese fin para que nos demos cuenta de ciertas peculiaridades no sólo propias, sino también, de las personas con las que nos vinculamos. Y hay que tener en cuenta que en ocasiones el signo ascendente es mucho más notorio en una persona que su propio signo, lo que agrega potencia a estas singularidades y diferencias.

La conexión entre los signos del Zodíaco

Por otra parte, hemos de tener en cuenta que hay 12 signos del Zodíaco muy diferentes entre sí que, al mismo tiempo, sin embargo, se hallan vinculados, ya que cada uno posee algo del otro; algo natural si pensamos en que la rueda zodiacal simboliza el transcurrir de la existencia humana en todas sus formas. Es decir, existe una correlación manifiesta de Aries con Tauro, de Tauro con Géminis, de Géminis con Cáncer, de Cáncer con Leo y así sucesivamente hasta el signo de Piscis. Hay una comunicación, una evolución de la energía entre un signo y el que le sigue, que es el que viene a transitar algo nuevo de la existencia previa. Y, también, a la vez, es muy importante reconocer que todos poseemos algo de todos los signos en el propio.

Así, esta nueva perspectiva agrega otro nivel de análisis, porque si reconocemos el todo que representa este entorno denominado «Zodíaco», comprendemos que algo de ese todo nos representará a nosotros mismos en algún momento de nuestra vida; hecho que generará que también entendamos mejor al otro.

Al fin de cuentas, no somos tan distintos, todos tenemos un poco de todos. Así, en el transcurso del tiempo astrológico y, sobre todo, en este descubrimiento tan interesante que constituye nuestra revolución solar, dado que el ascendente cambia año a año, cada ser humano o signo transitará por todos los demás. Dicho de otro modo, cada signo será cada uno de los demás en algún momento.

En este sentido, la revolución solar nos regala, por así decirlo, no sólo una lectura personal y apegada a la cotidianeidad de un período de nuestra vida, sino que nos aporta información de su curso a través del tiempo. Nos permite evaluar esos cambios que nos ayudan a entender, a experimentar y a asimilar las diferentes energías que influirán en nosotros de modos diversos.

¿Por qué es tan importante «reconocer» nuestro ascendente de revolución?

Asimismo, otro elemento esencial del ascendente no es sólo el observar cómo estaremos nosotros en un año —nuestra forma, nuestra manera de ser y de actuar—, sino también el hecho de que, si aprendemos a reconocer esa energía que nos transitará, que nos hará ser distintos, que nos hará cambiar, nos daremos cuenta de la potencia existencial que presupone el ascendente y la aceptaremos como una propuesta de transformación personal. De este modo, determinados ascendentes harán que el individuo cambie, que pueda modificar ciertos aspectos, ciertos hábitos. Pero si, por el contrario, la persona no «reconoce» su ascendente, porque lo niega, porque no lo quiere, porque le resulta incómodo o porque es incapaz de reconocerlo sencillamente, lo que la astrología le comunica es que esos cambios y transformaciones le sucederán igualmente.

Ésta es una realidad incontrastable y no hablamos de destino, sino de energías. Aquello que no quieres ver, aquello que no quieres aceptar, llegará a ti de todas formas. Es una de las enseñanzas que la astrología nos transmite que nosotros podemos comprobar de modo concreto. De esta manera, por ejemplo, si tú tienes un ascendente natal muy distinto al que te toca en el año en curso por revolución, por ejemplo, en Leo, necesariamente, algo de las características de este ascendente de revolución en Leo harán que tú, esa persona más bien introspectiva, tímida, más bien temerosa e introvertida, a quien le cuesta expresar ciertos aspectos internos, se muestre notoriamente más visible. No sucederá de modo consciente, simplemente lo vivirás. Llamarás más la atención, te ofrecerán ser protagonista, en algún momento adquirirás un lugar central, te subirán a un escenario, el escenario de la vida del que se trate. Así, te verás llevado a protagonizar tu ascendente en Leo en el año, por más que no desees hacerlo, a pesar de que no te guste, aunque que quieras incluir a un grupo o no desees llamar la atención: las energías de ese signo ascendente, Leo, harán que suceda de todas formas.

Por esta razón, resulta esencial «reconocer» tu ascendente, porque si no lo aceptas internamente, las energías del signo ascendente te llegarán desde afuera de todos modos. De ahí que sea fundamental focalizar claramente cuáles serán tus virtudes o tus fortalezas en el año, porque a partir de reconocerlas conseguirás logros concretos. Si te resistes o no te amigas con esa nueva energía que llega a ti, te resultará más difícil aprovecharla. De esta forma, si tienes un ascendente de revolución en Leo, sabrás que te convendrá realizar algún tipo de actividad creativa en la que destacar, porque ésa es la función del ascendente en Leo: destacar, llamar la atención, lograr cierto nivel de éxito, obtener reconocimiento público, que lo que hagas le guste a la gente, que te consideren, te aplaudan, te admiren; él te permitirá que puedas valorarte o ganar un puesto de poder. Así que es esencial que lo veas, que lo reconozcas, que lo aceptes. Si lo haces, quizá en pequeña o en gran medida, puedas sacar partido de sus energías. Si te tocara por revolución el ascendente en tu mismo signo, te sentirás cómodo, más sensible y confiado y verás tus cualidades potenciadas.

¿Cuál es el mensaje de cada uno de los 12 signos ascendentes?

A continuación, especificaremos todos los ascendentes de revolución solar para que sepas qué significa tener un ascendente astral que difiere del natal y qué te propone cada uno de ellos.

Ascendente de revolución en ARIES

Si tienes un ascendente en Aries, transitarás alguna experiencia relacionada con el salir de ti mismo e ir hacia el exterior, con un objetivo más bien activo, concreto, que muy probablemente esté vinculado con conseguir alguna meta difícil, casi heroica.

El ascendente en Aries tiene que ver con ser un poco el héroe en todos los niveles de la vida. O para salvar a otro, o para salvarse a uno mismo, o para romper con condicionamientos inconscientes y volverse más real. Se refiere también a la lucha, a conectarte con tu guerrero interior y que ese guerrero salga con una espada a luchar, a romper, golpear y a pelearse en una situación determinada, la que sea. Si tiene que cortar, cortará; si tiene que clavar su espada en la carne, lo hará. Se trata de un ascendente muy activo, poco receptivo y más bien agresivo, porque está lleno de fuerza, de vitalidad, de apetencias, de deseo. Un ascendente en Aries, en general, se vincula con lo creativo, pero con lo creativo desde la creación en sí misma. Crea, hace, impone, manda, impulsa hacia adelante, no piensa demasiado, no se detiene, no duda. Un ascendente en Aries también teme; porque el ariano o la ariana saben que existe la probabilidad de perder, de no conseguir su objetivo. Eso los hace a la vez temerosos, sienten mucho miedo a lo negativo que puedan padecer. Sin embargo, se enfrentan a ello. Por eso, si tienes un ascendente en Aries, debes saber que, a pesar de ese miedo interno, el ariano sale y arremete con todo. Es como si dijera: «Como puedo perder, perderé primero; como puedo morir, moriré primero», o «Bien, sé que me pasará algo negativo, así que voy y arremeto contra mi propio miedo enfrentándome a él». Esta ambivalencia de valor y temor es parte de la energía de Aries y se resolverá siempre a través de la acción.

En general, los Aries son personas atrevidas, intrépidas, tienden a ponerse objetivos muy diferentes, que cambian constantemente. ¿Su punto débil? Lo que le puede pasar a un ascendente en Aries es que tendrá muchas ideas, muchas apetencias y mucho entusiasmo para hacer las cosas, pero quizá le cueste sostener esas ideas y deseos en el tiempo. ¿Qué debes tener en cuenta? Con un ascendente en Aries, es un buen momento para idear y hacer cosas, pero hay que tener cuidado, porque quizá arranques con mucha fuerza y ganas, con mucha inquietud e iniciativa, pero en el trayecto que conduce a esos objetivos, tal vez te canses, te aburras y quieras ir hacia otro lado; es muy probable que elijas una meta y repentinamente quieras otra. Es así que, al ascendente en Aries hay que ordenarlo, hay que darle un final, hay que decirle que ha de terminar la tarea iniciada, porque es poco probable que la culmine. Porque Aries simboliza el valor del impulso primigenio, es maravilloso para iniciar, pero no para persistir en la realización concreta. Por otro lado, has de valorar que las personas con ascendente en Aries necesitan descargas físicas concretas, son muy activos a nivel corporal, por lo que deben moverse y realizar actividad física de modo obligatorio. Les atrae la velocidad, el riesgo, el peligro. Será entonces un año para hacer actividad física, u ocupaciones relacionadas con superar los propios límites, o lograr más resistencia, llegar más lejos, o proponerse metas más atrevidas. Aries necesita descargar, porque es importante para su salud, ya que el signo rige la cabeza y el cerebro, y es allí donde se generan las sustancias que permiten a la persona sentirse bien, así que un Aries pasivo sufrirá. Otra de las características propias de Aries es que es extremadamente impulsivo, algo que también deberás recordar al tomar una decisión importante en la que no pueda haber margen de error. Serás poco analítico e impaciente, así que tendrás que aprender a manejar tu nivel de ansiedad, porque Aries es muy ansioso, y ten mucho cuidado de tomar decisiones apresuradas. Muy probablemente, haya una energía mucho más pasional a la vez y pondrás en juego más tu cuerpo que tu cabeza en lo que hagas, así que habrás de seleccionar correctamente aquello en que te enfocas y concentras. Gozarás de gran vitalidad, por lo que probablemente será un año pleno de deseos de hacer muchas actividades. En este sentido, aprovéchalo, porque Aries resultará muy positivo para focalizarte si estás un tanto pasivo o estancado, o si tienes miedo de encarar algún proyecto nuevo. Éste será un buen momento para hacerlo. Otro hecho presumible es que te relaciones con personas del signo de Aries o con acontecimientos de carácter ariano. Por lo tanto, conociendo las características negativas del signo, debes prevenirte de los enojos, las peleas, de esta parte violenta y agresiva que forma parte de la naturaleza de este signo, porque es muy probable que te genere más conflictos que uniones. Aries no tiende a empatizar, le cuesta ponerse en el lugar del otro; es más, es un signo bastante yoico, piensa mucho en sí mismo, le cuesta mucho llegar a acuerdos. Así que también deberás cuidarte en este aspecto, puede suceder que rompas algún vínculo valioso para ti o no te muestres muy asequible al otro. Debes ser consciente de cómo dices las cosas, de cuidar las formas, de pedir permiso, de disculparte si es que te has equivocado, porque Aries te volverá más irascible, imprevisible, y más violento y agresivo.

Ascendente de revolución en TAURO

Tauro posee características físicas muy marcadas, pues es un signo aferrado a los elementos orgánicos de la vida. Necesita del contacto con la naturaleza: los árboles, el cielo, los pájaros, el agua, el río, la vida misma. El ascendente en Tauro requiere contacto con algo físico, por eso también es un signo bastante deseoso, muy sexual y sensual, necesita experimentar sensaciones a partir de su cuerpo, de lo que consume, lo que come, lo que bebe, del descanso. Así, un ascendente en Tauro pondrá en primer plano necesidades absolutamente biológicas y orgánicas. Hay que comer bien, hay que descansar, hay que hacer cierta actividad física para el relax. Todo se relaciona en él con asuntos ligados al placer. El descanso, la contemplación de la belleza, el contacto con la naturaleza, la necesidad de cuidar la vida y de cuidar al otro sobresalen en él. Tauro sigue a Aries y, mientras Aries inicia el ciclo de la vida, Tauro es el signo que tiene la misión de conservarla. Por eso cuida, mantiene, desarrolla. Es importante saber que, al tener un ascendente en Tauro, la vida se detendrá, la velocidad de un Aries no es la de Tauro. Tauro está conectado con conservar, detenerse, poner un freno; es más lento, más tranquilo; la energía aquí está condensada. Su misión es desarrollar al máximo las cualidades de la vida, ya sea de un proyecto, una idea, o se trate de un momento, de disfrutar de una buena comida, conversar con un amigo, o de trabajar, o de relacionarse con una pareja. Tauro te aportará la forma de la conservación de las cosas.

Es un buen representante del elemento tierra, por lo que es importante entender que la Tierra ocupa un espacio concreto, por lo que Tauro tiene muy en claro el respeto por el espacio propio y el ajeno. Por otra parte, es un signo fijo, al que le cuesta cambiar y adaptarse; lo que significa que allí donde esté se impondrá con sus características personales. Nadie le puede decir cómo tiene que hacer su tarea ni cuál es el espacio que debe ocupar, ni cuánto puede poner de energía y cuánto no, porque solamente Tauro lo sabe. Por eso se dice que Tauro es un signo terco y tozudo; pero es erróneo, no es terco, es un signo muy fijo, ocupa un lugar determinado, tiene una función muy concreta, que obviamente dependerá de lo que cada persona haga o desarrolle. De todo ello podemos concluir en principio que, con un ascendente en Tauro, el año será un muy buen momento para aclarar, ordenar y organizar objetivos concretos. Es un tiempo para definir ideas, darles forma, hacerlas reales, ponerlas en práctica. No se relaciona con una cuestión idealista, se trata más bien de traducir la idea de la mejor forma posible en el mundo real y concreto. En este sentido, Tauro se pregunta cómo lo consigo, cómo lo hago, con qué elementos cuento. Es un signo muy concreto, da forma. Es una energía interesante, porque muchas veces nos dirigimos hacia ciertos objetivos y si tienes una personalidad de este tipo, muy probablemente llegues a conseguirlos, porque el ascendente en Tauro es muy perseverante, muy resistente y muy fuerte. Es probable también que te topes con grandes dificultades, pero con un ascendente en Tauro puedes conseguir sobrellevarlas, y no quiere decir que no haya fuerzas que no puedan vencerlo, lo que tiene como característica natural este signo es que si se cae —cosa que sucede pocas veces—, si se llegara a caer, se levantará y arremeterá nuevamente con la misma fortaleza una y otra vez. Insiste, persevera, continúa, siempre poco a poco, pero siempre avanzando un poco más. ¿En qué puede modificarte un ascendente en Tauro? Tauro se vincula con el cuidar, el resguardar y el proteger. Del cuidado personal al cuidado de los demás; es una persona que considera el bienestar general; el bienestar personal primero, pero hay que tratar de lograr el mayor confort para todos. Puede ser en tu propia casa, en tu pareja, en el trabajo o en tu vida cotidiana: disfrutando más, ganando bienestar, sintiéndote a salvo, viviendo con tranquilidad, con calma, belleza, con felicidad, tal como le gusta a Tauro.

Ascendente de revolución en GÉMINIS

Tercer signo de la rueda zodiacal, mientras Aries es quien inicia el ciclo de la vida y Tauro es quien la conserva, ahora será Géminis quien llegue a cambiarla. Géminis modificará el ascendente con una personalidad que intentará todo el tiempo modificar. Muchas veces, transformando tu forma de pensar, tu modo de expresarte, tus gustos, tus ideas. Géminis es el signo vinculado con el conocimiento en astrología, por esta razón modifica la forma, las ideas y el pensamiento, porque va adquiriendo nuevos conocimientos y, de acuerdo al aprendizaje y las conclusiones obtenidas, se transforma en una persona distinta por momentos. Géminis también está relacionado con la comunicación, por lo que te ofrece la posibilidad de llegar al otro, de entender mejor si hay que interpretar algo, si hay que traducir o intercambiar información, si hay que escribir, poner en palabras o comunicar. Es ideal para estos asuntos, para cualquier tipo de actividad intelectual o cualquier tarea vinculada con la comunicación, dado que está regido por Mercurio, el planeta que domina estas áreas. Notarás que tu modo comunicarte se vuelve más rápido, más hábil, más curioso y es muy probable que obtengas beneficios de ello; ya que Géminis es el signo que se ocupa del intercambio, del «te doy una cosa por otra, consigo esto por aquello», siempre cambiando. Lo que logres será más evolucionado, apropiado, adecuado. Géminis maneja la palabra como pocos, así que, si te encuentras frente a algún asunto que carece de definición, intentará darle una nueva o una mejor. Será un buen momento para decir o comunicar todo lo que quieras y necesites, no solamente a partir de la palabra, también puede ser corporalmente, a través del lenguaje gestual. Géminis resulta asimismo muy positivo para desarrollar tus talentos artísticos, corporales, físicos. Será un tiempo interesante para evolucionar en cualquiera de las herramientas personales que te permitan expresar una idea y hacerla llegar al otro del modo correcto. Lograr que te entienda, que pueda preguntarte y tú interrogarlo y obtener respuestas. Eso sí, debes tener en cuenta que Géminis es un signo que tiende a hacer más preguntas que a responder interrogantes, ya que se halla más dominado por la incertidumbre que por la certeza. Eso significa que este año será un período en que dudarás más y en el que no podrás tomar decisiones de forma apresurada, o en el que se te plantearán tantas opciones que te cueste definir cuál es la mejor. Quizá no puedas ver la meta final con claridad, porque Géminis tiende a dispersarse en ocasiones. Es común que le interesen tantas cosas al mismo tiempo que no sepa qué hacer, saber con cuál se queda, por cuál empieza, de qué modo sostiene y persevera en sus proyectos. Así, un ascendente en Géminis es muy curioso, pero a la vez también bastante liviano y, en ocasiones, altamente frívolo. Es como si, al sentirse atraído por asuntos tan diversos, no terminara de profundizar en ninguno. Por lo tanto, deberás estar alerta y prestar especial atención a este aspecto. Adquirir conocimientos, intercambiar y obtener información de los demás son asuntos ideales para acometer. Estate atento asimismo a lo que dices, porque Géminis tiende a hacerte hablar de más y a veces dice lo que debería callar.

Ascendente de revolución en CÁNCER

Después del ascendente en Aries que inicia y planta la semilla de la vida, llega Tauro a regarla, y luego Géminis, a ponerle un nombre y a modificarla. Ahora, en cuarto lugar, aparece Cáncer, quien se dedicará a nutrirla y protegerla. Cáncer está relacionado con la parte más profunda e inconsciente de las personas. Todo lo vinculado con los sueños, la intuición, la fantasía, con el cariño y el amor por las cosas y por la gente son parte de su naturaleza. Cuando tenemos un ascendente en Cáncer por revolución, todos estos factores serán puestos en primer plano. Otro elemento que sobresale es un sentido de la pertenencia que hace que no se pueda separar demasiado de ese terreno íntimo, porque habita el mundo profundo del perfecto estado uterino materno, de nuestro primer hogar. Por esta razón, tiende a cerrarse, a conservar, a cuidar, le cuesta mucho abrirse, porque no se siente cómodo en el exterior. Sabe que afuera, en el mundo, no será querido como en ese interior que lo resguarda; desconfía y siente que no será apreciado por la gente ajena a sus lazos íntimos. Como reacción, proyectará ese cuidado sobre los suyos y otros a los que considere parte de su familia. En otros planos, también será guiado por este instinto, ya que a la hora de tomar alguna decisión, decidirá de acuerdo a lo que siente y no tanto a lo que piensa. Así que, muy probablemente, durante este año, un ascendente en Cáncer hará que te conduzcas exclusivamente por sus emociones, algo que debes tener muy en cuenta, ya que se abren dos posibilidades. Una, positiva: será un muy buen período si te quieres conectar con lo que sientes, con tener una familia, realizar algún proyecto con tus hermanos o padres, tener hijos. La segunda posibilidad es restrictiva: para otros asuntos, Cáncer opondrá mucha resistencia, estará en contra de cualquier decisión que lo obligue a salir de ese espacio de confort, de ese lugar de protección. Por otro lado, hay grandes posibilidades de que puedas encarar algún proyecto creativo, dado que Cáncer es un signo muy creativo, otra característica lunar. Lo positivo de un año en el que tienes un ascendente en Cáncer es que será bueno que inicies un negocio o emprendimiento propio, sobre todo, en alguna disciplina creativa o artística, así como para atesorar y administrar, ya que Cáncer tiende a guardar y cuidar lo que logra, es un signo proactivo, se dedica en profundidad a lo que tiene entre manos, es determinado y comprometido en sus objetivos. Lo negativo del año radicará en la debilidad de este signo al que le cuesta mucho soltar, dejar atrás y evitar ser tan conservador; o a la inversa, tender al impulso y si está convencido de algo intentar realizarlo a toda costa, aunque no valga la pena. Debes cuidarte también de su tendencia a la fantasía. También será un período positivo para dirigir, ser jefe, líder, siempre que equilibres tus emociones.

Ascendente de revolución en LEO

Lo que Aries inicia como un proceso de creación, principio de los ciclos y de las cosas; Tauro conserva y cuida; Géminis cambia, investiga y le pone nombre; Cáncer afectiviza, quiere y toma como propio, ahora Leo lo muestra, lo enaltece, lo ilumina y le otorga valor. Quinto signo del Zodíaco, Leo llega a crear, a hacer, a desarrollar ideas y relaciones; representa un momento en que podemos llenarnos de vida, revitalizarnos como individuos únicos, comenzar a descubrir las cosas que nos gustan, empezar a disfrutar. Como el león –animal que lo simboliza– sentado orgulloso al Sol, consciente de su poder y dominio, tener un ascendente en Leo por revolución constituye una oportunidad para gozar, sobre todo, en la valoración de las cosas, la realidad, la vida, en dar importancia a los vínculos, particularmente, a los relacionados con el disfrute. Quizá sea tiempo de pensar en tener hijos, de tener una pareja, de decidirse a buscar un amante que te haga gozar o, simplemente, de pasarlo bien con amigos. Leo se relaciona también con lo lúdico, el juego, la diversión, con el compartir con el otro. Es un momento ideal para proyectarte al mundo, no tener miedo de exhibirte ni de expresar tus ideas y proponerte concretar aquello que has venido soñando por mucho tiempo. Este signo te dará el impulso, la fuerza, la inteligencia y capacidad de negociación, así como la voluntad para persistir en tu deseo contra viento y marea. Por otra parte, Leo se vincula con la creatividad, con la creación, con lo que uno hace y reafirma, con lo que somos, pensamos y sentimos. Será un período con más diversión, amor, intercambio, parejas, juego, amigos, fiestas, todos aspectos vinculados al ascendente en Leo. Afectivo, generoso, compañero, creativo, ostentoso, omnipotente, aunque suene un poco exagerado, al fin de cuentas tu ascendente en Leo resultará positivo, porque te aportará una energía que te llenará de optimismo y confianza.

Ascendente de revolución en VIRGO

Después del paso creativo y de reconocimiento que viene a experimentar Leo, pasamos al sexto signo del Zodíaco, Virgo. En su energía, representa lo contrario a Leo y su misión es perfeccionar la tarea. Todo lo que estuvo hecho y realizado hasta Virgo no pasó por la mente ni por la radiografía intelectual, detallista y minuciosa de este signo. Virgo viene a clasificar esa vida, llega para seleccionar, elegir y diferenciar lo que funciona de lo que no es óptimo, aquello que está bien de lo que está mal, lo que sirve de lo que no sirve. Su misión, por lo tanto, es discriminar antes que a abarcar. De este modo, cuando uno tiene un ascendente en Virgo, vivirá a lo largo del período estas experiencias a las que nos estamos refiriendo. Será un año excelente para que organices, para que detalles cualquier asunto de carácter práctico, concreto o abstracto, para poder analizar en tu interior qué es lo que hace falta, qué puedes mejorar. Te volverás más metódico, así que será un excelente momento para organizar alguna tarea, ya sea en la familia, trabajo y profesión, para poder planificar y también resulta excelente para poder «limpiar», para deslindar lo que sirve de lo que no es útil y, sobre todo, para saber si tal o cual asunto funciona o no, para estar seguro de que eso es útil a un objetivo o no lo es. Por lo tanto, un año con ascendente en Virgo será un período en que las tareas se refinarán, se conducirán de manera correcta, se cumplirán y se conseguirán objetivos con mucho trabajo y esfuerzo. En general, la sensación que tendrás con un ascendente en Virgo es que aquello con lo que te encuentres, independientemente de lo que se trate, no está del todo bien hecho, porque a Virgo todo le parece siempre perfectible, no termina de convencerse del resultado final.

Al mismo tiempo, como buen signo mutable o cambiante, sumado al hecho de ser un signo del elemento tierra, busca la realización concreta. Por eso da muchas vueltas a la hora de hacer algo, o le falta un poco de valor, o tiende a dudar, pero no es por falta de voluntad o fortaleza, sino por ansias de perfección. Sin embargo, son expertos en aquello a lo que se dedican o desean hacer. No son de abarcar muchos asuntos u objetivos, no dejan muchos flancos abiertos, sino que siempre tienden a seleccionar y pondrán toda su energía en aquello en lo que se concentren. Anímicamente, es un signo más bien estable y tranquilo, pero siempre están tratando de mejorar, perfeccionar y hacer, por lo que hay cierta inestabilidad presente, mucho movimiento, ansiedad y nerviosismo en tanto no acaben por convencerse del resultado. Son muy críticos, tanto consigo mismos como con los demás, nada los persuade de que han alcanzado la excelencia en aquello que realizan, porque siempre es mejorable, superable y perfectible. Por otra parte, es un signo que en todo aquello a lo que se dedique tenderá a llegar al fondo de las cosas, porque es profundo, serio, meticuloso, por lo que, si lo suyo son las ciencias, será un excelente investigador; si tiene una profesión artística, estará muy pendiente de los detalles; posee gran sensibilidad y enormes facultades de observación para separar lo esencial de lo aparente. En temas de amor, Virgo es un signo muy detallista, cuidadoso, muy elegante, dedicado a su familia, muy servicial, apasionado y leal en la intimidad. En el ámbito laboral, el ascendente en Virgo te servirá para organizar y perfeccionar tus tareas, beneficia todas las labores administrativas, de archivo, las profesiones vinculadas con la informática y la programación, en eso Virgo es ideal, ya que son muy metódicos y organizados. También se vincula con los temas de salud, por lo que será un buen período para el cuidado personal, para controlarse, hacerse estudios, es un año de cuidados o de cuidar, si te dedicas a tareas médicas. Todo lo vinculado con la comunicación y la escritura también se verá realzado, muchos escritores famosos son de este signo y su dominio del lenguaje es brillante, preciso y de gran lucidez. En el ámbito familiar, Virgo es el que organiza, el que cuida, el que considera a los otros.

El ascendente en Virgo marcará un período en que te dedicarás a cuidarte más, ya sea en el aspecto personal o de salud, o a hacer alguna actividad que te genere bienestar, ya que Virgo impone su energía en todos aspectos conectados con el orden, el control y el cuidado.

Ascendente de revolución en LIBRA

Tras el minucioso y estricto trabajo de Virgo, que viene a dejar las cosas que funcionan, que sirven, que están bien, que llega para mantener este orden tan necesario en la vida, lo que nos queda de esta selección será tratado por Libra. En Libra, aparece «el otro». Ya la tarea no es exclusivamente individual, como en los signos de Aries a Virgo, en Libra surge el otro. Ese otro es el espejo, el complemento, nuestro referente, es a quien admiramos, a quien querremos, a quien elegiremos. El signo de Libra tiene que ver con el otro, con empatizar, con equilibrar. Por estas mismas razones, en Libra aparece el amor, porque se vincula con el intercambio, con dar, recibir. Hay una dinámica permanente de acercamiento, seducción, encanto, adaptación y nueva búsqueda. Cuando uno tiene un ascendente en Libra, estos aspectos que estamos mencionando se van a revitalizar. Te interesará más estar con la otra persona, te gustará alguien, estarás más guapo, serás más coqueto, más bello, podrás recibir gente, hacer eventos, tener reuniones, embellecer cada cosa que hagas, decorar tu casa, hacer más atractivo tu trabajo, mejorar una obra de arte que tienes entre manos. Si tienes un año con un ascendente en Libra, debes aprovechar para montar sociedades, para seleccionar gente, para unirte a grupos, no debes desperdiciar la inmensa empatía que te brindan estas características. También utiliza su gran capacidad de comunicación. Libra es un signo de aire, lo resalta su pensamiento, el intelecto, el habla, la inteligencia, el conocerse. Así, todo lo relacionado con Libra hará que muestres mayor fluidez en tus vínculos de todo tipo, que te comuniques mejor, que puedas decir lo que quieres y que puedas pedir lo que deseas. Por otro lado, Libra es un signo muy inquieto, muy activo, muy vital, siempre tiene gran deseo de hacer muchas cosas. Asimismo, es un signo bastante dual, porque tiene muchas posibilidades y muchas veces le cuesta tomar una decisión firme, porque, de alguna manera, para Libra, todo es bastante relativo. Le cuesta mucho ser terminante, por eso lidia a veces un poco con el bien y con el mal. Tampoco los librianos se erigen en grandes jueces morales, todo puede estar más o menos dentro de lo permitido, ya sea en el amor como en otros asuntos, son bastante flexibles y no tienden a plantearse una escala de valores rígida ni hacen juicios estrictos, porque consideran que todos podemos ser capaces de hacer todo. Hay un aspecto positivo claro, porque son muy libres, muy abiertos, así que las relaciones con el otro y los otros en general será el aspecto más positivo y predominante del período. ¿La parte negativa?, pueden llegar a ser un poco manipuladores, aunque lo hagan con su mejor sonrisa, su mejor presencia, sus mejores formas y modales. Asimismo, es un signo impulsivo, que tiende a conocer, a crear, a realizar, pero puede serle más difícil sostener lo conseguido o realizado; le pasan muchas cosas y hace muchas otras, pero no se sabe cuánto tiempo durarán. Lo que podría ayudar a Libra y a este ascendente en Libra que te influirá a ti es tratar de establecer metas claras y posibles para poder cumplirlas. En el ámbito laboral, será un buen año para todo lo referido a la comunicación y el vínculo con otras personas, para estos asuntos resulta ideal.

Otro de sus grandes fuertes es el ámbito de la pareja, espacio en que son amorosos y adorables. Eso sí, ten en cuenta que es un signo que considera que se merece mucho, por lo que suele concentrarse en sus propios deseos. Y, por lo general, no suele ser del todo fiel, de quedarse sólo con una sola propuesta afectiva, porque tiene muchas. Libra es asimismo un signo muy creativo, así que resultará un período excelente si te quieres dedicar a pintar, decorar, cantar, tocar música, actuar o realizar cualquier actividad artística, así como para el amor, la seducción, las aventuras amorosas y para tener hijos.

Ascendente de revolución en ESCORPIO

El ascendente en Escorpio, así como Libra, viene a conocer al otro. Recordemos que en astrología todo es circular y todos los signos se conectan entre sí, así que Escorpio sigue a Libra, porque Libra ya conoció a la persona, ahora ese conocimiento ascenderá en profundidad e intensidad. En Escorpio, empezamos a hacer efectivo a ese otro y su contacto llegará al fondo del vínculo. Se intensifican las emociones, los sentimientos, surgen sensaciones nuevas, positivas y negativas, y nos comenzamos a preguntar qué es lo que nos sucede con el ser amado, cómo incidimos sobre él, además de darnos cuenta de lo que no nos agrada de esa persona. Escorpio extiende este interés innato por profundizar y nacen entonces otras preguntas, qué es lo que no nos gusta de la vida, qué es lo que no queremos, qué es lo que no nos interesa para finalmente hacernos comprender que es necesario aprender a vivir con la propia sombra y el dolor. Nos obliga a convivir con el sufrimiento, con lo feo que nos pertenece, con nuestra parte oscura, con el lado oculto y misterioso de nuestra alma. ¿Por qué? Porque es parte nuestra, porque somos eso que nos negamos a ver. Nos fuerza a trabajar sobre temas que no nos agradan. Nos hace lidiar con aquello que es difícil, que nos cuesta, nos genera esfuerzo, y nos dice: «Tenemos que convivir con ello».

Así, el ascendente en Escorpio te obligará a profundizar, a tomar conciencia de que la realidad es dura, de que las cosas no permanecen, de que lo bueno es pasajero, de que la felicidad es una cuestión de tiempo. También saca a la luz la conciencia del sufrimiento. Te obligará a valorar lo difícil y doloroso, así como te hará ver lo oculto y profundo. Es atraído por asuntos escondidos, temas desagradables y también misteriosos; todo ello será recuperado para ser iluminado por la conciencia. Hay muchas características escorpianas que nos hablan de su enorme intensidad, de su altísimo nivel de compromiso, ya sea en una tarea profesional como en una persona, o respecto a un sentimiento, todo lo hacen desde un lugar muy afectivo, desde el corazón, el cuerpo y el alma. Asimismo, resultan muy movilizantes para el otro, hacen siempre que las experiencias lleguen a la raíz de las cosas. Por ejemplo, en el ámbito del trabajo, un ascendente en Escorpio tenderá a ejercer cierto poder; le interesa el poder para dominar situaciones, controlar grupos o personas y facilitar sus decisiones y objetivos. Escorpio se maneja en esas aguas con comodidad. Por otra parte, como buen signo del elemento agua, es dominado por sus sentimientos, afectos y sensibilidad, por lo que tiende a manipular. Le interesa tener el control sobre el otro y suelen conseguir lo que desean porque saben cómo lidiar con él, detectar sus puntos débiles y lograr lo que persiguen.

Ascendente de revolución en SAGITARIO

Tras la experiencia del ascendente en Escorpio, donde la energía se condensó en algún objetivo, ideal, en una persona o relación, en algún asunto económico o tema familiar, pasamos a Sagitario, signo que tiende a modificar la energía. El ascendente en Sagitario genera apertura y esa apertura promueve cambios y esos cambios estarán relacionados, en primer lugar, con los ideales. Algo se transformará respecto a lo que creemos, lucharemos por esos ideales y valoraremos qué es lo que verdaderamente deseamos. El signo de Sagitario representa nuestros valores éticos internos, lo que realmente queremos, nuestras creencias, ideales, nuestros objetivos y su sentido profundo para alcanzar finalmente el sentido de la vida. ¿Cuáles serán estos ideales y creencias con un ascendente en Sagitario? Dependerá de lo que cada uno busque, del lugar en que cada persona ponga su energía. Sagitario es esencialmente un signo de energía vital, alegre, optimista, tendiente a la acción, al progreso, a ir tras lo que imagina. Es el signo donde uno realiza sus sueños. En el campo artístico, resulta muy interesante y generalmente te llevará al movimiento y la apertura. Con un ascendente en Sagitario, casi obligatoriamente viajamos, nos movemos, nos animamos, apostamos a lo que queremos. Arriesgamos y lo hacemos a lo grande, porque es un signo al que le cuesta mucho limitarse, que no sabe ser austero, así que irá tras grandes sueños. Sagitario nos permite ampliar nuestra mentalidad, abrir nuestros corazones, quizá modificar nuestra residencia, tal vez recorrer un país y viajar al exterior o dedicarnos a ampliar nuestros conocimientos. Porque Sagitario también corresponde a los estudios terciarios, a los viajes al exterior, y se vincula a la vez con una búsqueda que va más allá de lo práctico y de lo cotidiano de la vida, ya que sus objetivos son espirituales.

Por otra parte, es un signo de gran fuerza interior, de mucha convicción en lo que cree, inagotable, lleno de energía, es un valiente llanero solitario que lucha contra las injusticias del mundo. Sagitario persigue además la consecución de la justicia, es muy característico de los sagitarianos el deseo de que todos podamos conseguir lo que queremos, que todos podamos concretar nuestros sueños, que todos podamos tratar de alcanzarlos. Tiene que ver además con la aventura, posee algo heroico en su energía más primitiva referido a la ayuda a los demás, con tratar de que todos los seres humanos puedan disfrutar, porque Sagitario alude también a la alegría, al optimismo por la vida, la diversión, el juego, el azar y es además un signo que siempre tiende a abrir y expandir cualquier asunto en el ámbito del que se trate, aspecto vinculado con su regente, Júpiter.

Ascendente de revolución en CAPRICORNIO

Tras el torbellino pasional e idealista del signo de Sagitario, que viene a priorizar ideales y valores —valores propios, lo que consideramos importante, lo que nos moviliza, el sentido de la vida, el motivo, el porqué y hacia dónde vamos—, ahora nos referiremos al ascendente en Capricornio. Capricornio es un signo que llega para ubicarnos en el lugar de los deberes y de la ley, en el sentido de ley impuesta; es el signo que trabajará para lograr lo que es correcto. Todo lo que tenga que ver con Capricornio en un ascendente habla de que la persona tendrá que afrontar gran responsabilidad, hacer las cosas bien y siempre según manda la regla, la norma general. Es un signo muy exigente, en principio, consigo mismo, pero también con los demás.

Está vinculado con los altos cargos de poder y gobierna la casa X, la del reconocimiento social, la vocación, la profesión, es decir, el lugar más elevado de la carta. Por esta razón, como es el signo que está en el punto más alto del Zodíaco, es quien lidera. De ahí que el líder tenga que asumir la responsabilidad que su puesto requiere.

En el caso de tener una familia, consistirá en ser el padre o madre de familia, el que se ocupa de mantener a sus hijos junto con su pareja, el de establecer y cuidar su casa, el de hacer que todas las cosas funcionen, que estén bien, que a nadie le falte nada, además de aportar estructura y proveer lo necesario. Capricornio es asimismo un signo austero, no trabaja ni el deseo, ni las ganas, ni la alegría, ni la felicidad; es un signo que tiene que ver con el deber y con la responsabilidad: hay que hacer lo que hay que hacer, de la forma en que haya de realizarse y en el tiempo que se requiera. A veces, tiene intereses y objetivos bien concretos que quiere seguir, puede medirlos y realizarlos a cualquier costo, de otros o propio, y si tiene que tomar medidas muy difíciles o muy drásticas para conseguirlos, está en condiciones de hacerlo y lo hará sin contemplaciones. No importa si tiene que dejar gente afuera, no importa si tiene que alejarse, lo hará. Es decir, actúa de un modo absolutamente racional y, en general, tiende a ser bastante objetivo, en el sentido de que puede ponerse fuera de la problemática de la que se trate, y mirarse a sí mismo desde el exterior para reflexionar sobre qué sería lo mejor en esa situación. Capricornio se pregunta entonces «qué es lo mejor para mí, qué es lo mejor para la otra persona, en qué me estoy equivocando, en qué se están equivocando los demás». Esto es típico de un ascendente en Capricornio. Resulta un signo excelente para estructurar, para dar seguridad, es talentoso para trazar objetivos, es completamente concreto y práctico, no tiene posibilidades de desviarse del camino de lo que se puede y debe hacer, y es también incansable e imparable, asume la enorme responsabilidad del tiempo y del paso del tiempo, tal como le marca su implacable regente, Saturno, planeta de los límites, el tiempo, las exigencias.

Ascendente de revolución en ACUARIO

Tras este implacable ente regulador del deber que es Capricornio, quien llega a acomodar las cosas en el lugar correcto, ahora nos introduciremos en un mundo muy diferente, el de Acuario, undécimo signo del Zodíaco. Un año con ascendente en Acuario será un período diferente, de cambio, de ideales nuevos, metas distintas, objetivos originales, así como de asociaciones y de unión con gente de ideas afines. Hablaremos de un signo realmente innovador, que cambia, que rompe con lo establecido, a veces, de forma casi brutal y sin anestesia. Con un ascendente en Acuario, te sentirás distinto, cambiado, querrás incursionar y te interesarán otros asuntos, porque los acuarianos curiosean, se divierten, abren, van, vienen, constituyen el prototipo del espíritu libre. Cuanto más libre y más independiente, más feliz será. El ascendente en Acuario rompe generalmente con lo establecido; todo lo que hemos visto respecto a la energía de los signos anteriores será modificado en Acuario. Y lo hará de un modo muy particular, porque realizará esta transformación a partir de sus ideas. Acuario se pregunta en qué cree, qué quiere realmente, qué le gusta, qué le dejó de gustar, qué quiere cambiar, qué quiere aprender, qué quiere conocer. Es un signo que trabaja sobre el mundo de las ideas, la comunicación, los amigos, los grupos, es decir, compartiendo con los demás para llegar a lo que desea e ir más allá de cualquier límite. En general, es un signo de avanzada, vanguardista, que apuesta y mira hacia el futuro, pero no como proyecto, sino como un futurista que quiere cambiar el presente. Es moderno, original, rompe con lo establecido, su búsqueda de cambio es permanente porque se aburre, así que tiende a ser innovador mentalmente, tal como manda su regente, Urano.

Ascendente de revolución en PISCIS

Después del tránsito de Acuario que une ideales y construye un mundo común donde nos desarrollemos de forma individual, pero en un mismo sistema de libertad, atravesaremos ahora el último signo en la rueda del Zodíaco, Piscis. Piscis es un signo vinculado con el mundo de los sentimientos, del alma y del desprendimiento del ego para fundirnos con los demás. Representa la síntesis espiritual de la rueda zodiacal, cuyo mensaje es entender que formamos parte de un todo. No necesariamente se vincula con la fe, la religión, lo místico o lo extrasensorial –aunque sean aspectos relacionados con Piscis–, sino con un aprendizaje más integral: hay que renunciar al deseo propio para transformarlo en un deseo colectivo que nos abarque a todos. Piscis es un signo conectado con las sensaciones, las emociones, los sueños, el inconsciente, el mundo interior, la trascendencia y nuestra parte más íntima, particularmente, el miedo, los sentimientos infantiles, el espacio en que nos sentimos débiles. Con un ascendente en Piscis, las emociones estarán a flor de piel, porque siente muchas cosas, no sólo respecto a sí mismo, sino a los demás, y también es muy sensible a su entorno; gracias a su sensibilidad, absorbe todo lo que percibe de su gente, su familia, su hogar, los ruidos, la calle, el mundo. De este modo, si estás transitando un ascendente en Piscis, te sentirás cambiado. Todo lo vinculado con Piscis refiere al renunciamiento al yo para abrirse al todo. Contarás con mayor intuición, fantasearás más, estarás más místico y espiritual y te dedicarás a ayudar a otros, ya que Piscis no suele ocuparse tanto de sí mismo como del otro, del cuidado de gente enferma, o de personas mayores o de niños, de los animales o de la naturaleza. Todo ello es parte de este ser pisciano que nos pide hacernos cargo de que no somos lo único importante. Probablemente, estarás muy abierto a realidades intangibles, pero también te provocará temor, ya que Piscis en el ascendente no sólo nos ayuda a expresar nuestros deseos más hondos, sino aquello que habita en lo profundo del alma. Sin embargo, si la persona que recibe este ascendente en Piscis ya viene trabajando, ya sea desde el año anterior o durante toda su vida, cierto deseo vinculado con la energía de este signo, un ascendente en Piscis hará, por el contrario, que pueda expresar su yo interior. Así, si has elaborado durante tiempo sentimientos y experiencias piscianas, este ascendente facilitará que tu verdadero yo pueda salir a la luz. Entonces te preguntarás: «¿Qué quiero ser, cómo me siento mejor, qué busco?». Un ascendente en Piscis es una buena influencia para dedicarte a la enseñanza, a ser un líder social, político, espiritual, a realizar una actividad artística como dibujar, pintar, hacer música, teatro, y lo es porque es capaz de ser otro. Es decir, después de haber adquirido ese gran caudal de experiencias, Piscis se transforma.

¿Qué sucede si Piscis se siente muy presionado o herido? Se esconde. En esta situación, un ascendente en Piscis no podrá mostrarse, tenderá a la reclusión, al encierro, querrá resguardarse en ese lugar interno donde se siente a salvo. A veces, con un ascendente en Piscis, cuesta mucho decir qué nos pasa. También hace que la persona se muestre muy inestable y pase de la alegría a la tristeza rápidamente. Los sentimientos a flor de piel, el exceso de sensaciones y de sensibilidad e intuiciones te infundirán un sexto sentido lleno de premoniciones o la sensación de haber vivido ya una experiencia. No obstante, la presencia planetaria en la casa I, del ascendente, puede provocar que ese Piscis más bien tímido y recluido salga a mostrarse; de otro modo, será difícil que pueda expresarse, se concentrará en el viaje hacia su propio interior. A pesar de ello, Piscis es un signo que, si sabe lo que quiere, luchará por su deseo, incluso puede ser muy disciplinado, aunque no lo sea *per se,* ya que vive del algún modo en medio del caos. Pero cuando consigue determinar qué es lo que le interesa, muestra gran firmeza y conducta. Nunca hay que olvidarse de que Piscis, como buen signo de agua, también abrasa, no al modo del fuego, sino como lo hace el mar, disolviendo, horadando piedras año tras año hasta desintegrarlas. Llegado ese momento, la piedra acaba por fundirse en ese magma acuático. Consigue lo que quiere mediante la erosión y el paso del tiempo. Esas aguas son las que domina Neptuno, el regente de Piscis.

CAPÍTULO III

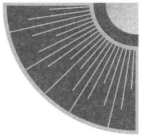

¿Qué indican los planetas presentes en el ascendente o casa I?

En este capítulo, te enseñamos a saber:

- ¿Por qué son importantes los planetas que aparecen en el ascendente o casa I de la carta de revolución solar?
- ¿Qué significa la presencia de cada uno de los 10 planetas?

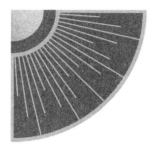

¿Por qué son importantes los planetas que aparecen en el ascendente o casa I de la carta de revolución solar?

Ahora hablaremos de los planetas y de su importancia. Primero nos referiremos a su significado general y, luego, a la influencia que ejercerán sobre tu personalidad al ubicarse en la casa I o del ascendente, área de la vida, como señalamos, de la propia persona. Los planetas son los protagonistas de nuestra vida, los personajes principales de la historia que tiene para contarnos sobre nosotros mismos la astrología. Y es así porque ellos poseen toda la energía e información sobre nosotros, una información que se traduce en características personales y en una influencia que promueve fortalezas y debilidades que experimentamos cuando hay presencia planetaria en una casa, en este caso, la del ascendente. Así, cuando están presentes en la casa I, que corresponde a nuestra personalidad, la energía de los planetas modificará ese aspecto. ¿Cómo? Potenciando ciertas virtudes, diciéndonos dónde estará nuestra luz, en qué aspectos resaltaremos y, también, dónde se hallará nuestra sombra, en qué áreas seremos más frágiles o qué espacios internos nos resultará difícil transitar. Es interesante determinar estas energías para saber cómo utilizarlas de la manera más correcta. En este caso, en la casa I, nos serán útiles a nosotros mismos. Pueden fortalecer nuestra personalidad, nuestra forma de ser, ayudarnos a relacionarnos con los demás, mejorar nuestra conducta. Por ejemplo, si nos encontramos con un planeta como el Sol en la casa I, esto nos indica que estaremos más solares, es decir, luminosos, vitales, optimistas; por lo que es importante desarrollarlo, dado que el Sol en el ascendente hará que todo lo que forma parte de nuestra personalidad salga a la luz y muestre su brillo a los demás.

¿Qué significa la presencia de cada uno de los 10 planetas?

El Sol en la casa I

El Sol, naturaleza y efectos generales de su tránsito

El Sol es el astro rey, indica luminosidad, vitalidad, optimismo, brillo propio, generosidad, ya que es el planeta más grande y cálido, que nos da luz y vida. En astrología, el Sol es nuestro signo, por lo tanto, donde esté ubicado el Sol, nos veremos a nosotros mismos en nuestra esencia. Cuanto mejor aspectado esté ese Sol, más capacidad tendrá de mostrar sus poderes y brillar, entonces exhibiremos la mejor versión de nosotros mismos. El Sol hablará de lo que nos completa, de aquello que nos identifica, lo que hace que seamos nosotros mismos. El Sol es auténtico, donde está el astro rey, uno está seguro de sí, muestra más confianza y alegría. Por esta razón es uno de los elementos más importantes para investigar en una revolución solar.

El Sol en la casa I se refiere al Sol en nosotros mismos. Su presencia señala un excelente momento para realizar actividades que nos identifiquen, que hagan que nos ubiquemos en el lugar correcto, que ganemos exposición frente a los demás. Porque donde está el Sol, uno se ve y puede mostrar quién es, así que es importante aprovechar estas características. Con el Sol en la casa I, puedes reafirmarte e identificarte con las cosas y con la gente, así como sentirte más seguro, tener éxito, obtener reconocimiento público, y tender a dar y a compartir con otros de forma generosa.

El Sol en la casa I, la del ascendente

Destacarás por tu personalidad, estarás más expuesto, dirigido hacia afuera, alegre, vital, con muchas ganas de hacer cosas, lleno de impulso y te sentirás muy confiado. La energía del Sol en el ascendente es muy hermosa, porque produce actividad, deseo de emprender;

hará que te muestres radiante. Recibirás algún tipo de reconocimiento público, llamarás la atención de la gente, no pasarás desapercibido y, si tienes que destacar en cualquier ámbito de la vida, este Sol te ayudará a conseguirlo. Tendrás que cuidarte del narcisismo, evita ser egocéntrico y piensa un poco más en el otro; trata de no creer que eres perfecto o brillante en exceso, porque ésos son algunos de los sentimientos que pueden asaltarte con este tránsito. El Sol en el ascendente es muy muy positivo, hará que te muestres más auténtico, que seas creativo, que tengas deseos de hacer muchas actividades y emprendimientos y que te relaciones bien con gente con la que te identificas.

La Luna en la casa I

La Luna, naturaleza y efectos generales de su tránsito

Como sabemos, la Luna es uno de los elementos más importantes en astrología, porque nos habla de nuestra forma de sentir, de cómo queremos al otro, del nivel de comodidad que sentimos con él, de qué es lo que tenemos ganas de darle, de qué necesitamos afectivamente, qué nos hace sentir bien, qué nos gusta y a quién queremos. Todos los aspectos lunares conectan con nuestra parte más tierna, afectiva, cálida, con nuestros miedos, la inseguridad, la infancia, el pasado, con nuestra madre, así como con la capacidad de ser madre y de cuidar, de dar afecto, contención, más allá de tu género. La Luna es el hogar, tanto el espacio que nos cobija con su techo como el lugar interno, el del alma y el corazón, donde la Luna nos alimenta con sueños y fantasías. Lo lunar siempre refiere a la parte afectiva, a lo que nos moviliza, a lo que nos pasa, a quién amamos y de qué modo. Es muy importante determinar en qué signo está la Luna, esto nos indicará la modalidad, la forma de amar de la persona, y es fundamental también identificar en qué casa se halla, ya que nos dirá en qué área de la vida pondremos nuestra afectividad, así como nuestras emociones y sentimientos.

La Luna en la casa I, la del ascendente

La Luna en el ascendente te volverá muy permeable a lo que te rodea, te mostrarás más intuitivo y fantasioso, a la vez que te aportará muchísima sensibilidad. La Luna en esta casa hará de ti una excelente esponja social, sabrás captar las características de los demás y podrás traducirlo en palabras. Te sentirás más lunar, más afectivo y afectable por las emociones propias y de otros; asimismo, te mostrarás un tanto ciclotímico, con muchos cambios de humor, o sentirás sensaciones raras, cuídate en estos aspectos. También te mostrarás más maternal con quienes quieres, más tierno, tenderás a cuidar más a los otros, a ser dulce, a cobijar a los demás, cómo te sentirás en familia. Serás un muy buen anfitrión, mostrarás una notable creatividad y te divertirás más. Deberás prevenirte de tanta sensibilidad y cuidar tu estado de ánimo. La Luna suele volverte muy fluctuante, te desequilibra o te genera gran susceptibilidad.

Mercurio en la casa I

Mercurio, naturaleza y efectos generales de su tránsito

Mercurio está directamente relacionado con el Sol. Todo lo relacionado con Mercurio refiere al diálogo, al intercambio de información, la palabra, el modo de expresarnos, la forma de pensar, nuestra inteligencia. Mercurio es nuestro intercomunicador con el mundo, nos ayuda a aprender y a enseñar, nos llena de curiosidad y pasión intelectual. Gobierna la inteligencia y la comunicación, el don de la palabra y la expresión. El lugar en que esté ubicado Mercurio en la carta corresponderá al área donde nos pondremos a estudiar, a hablar, a sintetizar, a intercambiar con los que saben. Será un buen momento para comenzar un estudio. Es importante analizar el signo en el que tenemos a Mercurio; siempre estará aledaño al Sol por su cercanía astronómica. También es muy importante ver el área de la vida en que nos afectará, porque en esa casa pondremos énfasis en la parte intelectual, y será allí donde obtendremos buenos resultados económicos si nos dedicamos a esa área en concreto. Mercurio es un muy buen negociador y facilita tratos, acuerdos, sociedades. Siempre nos dará la habilidad para que consigamos las mejores ganancias en cualquier negocio, ya sea comercial o intelectual.

Mercurio en la casa I, la del ascendente

Mercurio en el ascendente es ideal para dedicarte a actividades intelectuales o artísticas, compartir con otros, estudiar, traducir en palabras asuntos que habitualmente no puedes, y facilitará todo lo relacionado con tu capacidad de comunicación. Mercurio te permitirá que cualquier cosa que quieras dar a conocer sea entendida, que tengas más facilidad para expresarte y que te muestres más interesado en asuntos de carácter intelectual. Todo lo vinculado con la palabra, así como con el aprendizaje, la enseñanza, el estudio, el escribir y el pensar se verán revitalizados por tu Mercurio en la casa I.

Venus en la casa I

Venus, naturaleza y efectos generales de su tránsito

Venus, planeta relacionado con el amor, la belleza, el arte, nos habla de nuestra capacidad afectiva para amar, ser empáticos, disfrutar, embellecer. Venus también se refiere a la femineidad, independientemente del género de la persona, así como a nuestra capacidad de esperar, contemplar y armonizar. La parte que representa Venus en nosotros es nuestra zona más hermosa, la que busca embellecer y dar romanticismo a la vida. Cuando hay un tránsito de Venus, surge la necesidad de comunicarse y de relacionarse. También aparecen placeres, suavidad, dulzura, belleza, empatía con el otro, y cualquier asunto conectado con lo artístico, las cosas hermosas, las artes en general, los colores, el vestirse bien, el comer rico, el descansar, pasear, contemplar la naturaleza o disfrutar un buen momento. Venus nos trae un aire fresco que respirar, en el que está presente la mirada del otro, el estar con él o ella, el encuentro con quien te hace sentir bien. En astrología, Venus es un planeta muy importante, porque nos aporta vitalidad, ganas de vivir, el deseo de estar bien, de disfrutar y de sentir placer. La casa en la que esté Venus determinará el área en la que destacaremos por este tipo de cualidades.

Venus en la casa I, la del ascendente

Venus en el ascendente generará que lo que hagas sea más hermoso, gozarás de un gran sentido estético y creativo que impregnará cualquier actividad. Estarás más atractivo, coqueto, te vestirás mejor, te mostrarás más cuidadoso en tus modales, que serán más armónicos, así como tus gestos y habilidad corporal. Te sentirás asimismo más disponible en temas amorosos y es muy posible que inicies una relación llena de romanticismo y el deseo de disfrutar de los goces básicos de la vida, como descansar, comer, vivir bien. Existe una tendencia a un hedonismo potente con Venus en el ascendente. Te volverás más bello, empático. Muy buen período para dedicarse a actividades artísticas o de embellecimiento. Del mismo modo, resultará positivo para mejorar tu salud y hacer dieta. Y si buscas un socio o compañero para realizar una actividad laboral, Venus también resultará muy eficiente, porque tú te mostrarás más encantador y conciliador.

Marte en la casa I

Marte, naturaleza y efectos generales de su tránsito

Marte es el planeta de la lucha, la masculinidad más allá del género, la acción, el salir al exterior. Es el guerrero del Zodíaco, el héroe, el soldado interno que nos defiende gracias a nuestra capacidad de agresión. También simboliza nuestro deseo, aquello que queremos, lo que tenemos ganas de hacer. Es valiente, heroico, osado, impulsivo, instintivo, ama rivalizar y ganar. Se vincula a la vez con la independencia, el esfuerzo, la lucha, la competitividad y la exigencia. Es uno de los planetas más importantes en astrología, porque encarna nuestro deseo y acción. Es un planeta enérgico y, tal como Venus y el Sol, nos aporta gran vitalidad y la facultad de vernos como somos. En astrología es muy importante saber el signo y el lugar en que se halla Marte en la carta a fin de conocer en qué área concreta de la vida pondremos la energía y el deseo. Es el dios de la Guerra, por ende, nos da fuerza para afrontar desafíos ante complicaciones y conflictos, al tiempo que nos regala energía para luchar y resolver temas que necesitan más lucha que conciliación. En ese espacio, Marte impulsa y mueve, y lo hará según la naturaleza del signo en que esté, por lo que cada persona reaccionará de un modo diferente. Su ubicación en la carta define las áreas de la vida en que nos sentiremos cómodos o en que nos será fácil desarrollar habilidades marcianas, como la confianza, la valentía y el arrojo. No aporta racionalidad, Marte es activo e impulsivo. Sin embargo, resulta muy creativo, dinámico, concentrado en el futuro. Es velocidad, adrenalina y acción, así que simboliza la energía necesaria para vivir y actuar.

Marte en la casa I, la del ascendente

Marte en el ascendente te llenará de muchísima energía, de un gran deseo por emprender asuntos y trabajos con gran impulso. También hará que muestres una personalidad un poco más agresiva, rebelde, independiente e intrépida. Generalmente, Marte en la casa I hará que tiendas a confrontar y a pelearte con los demás, carece de consideración y piensa sobre todo en su propio deseo. Buen momento para realizar actividad física y correr riesgos —aspecto del que debes cuidarte especialmente, ya que Marte hará que actúes a partir de tu instinto y sin pensar—, y para las relaciones, ya que te mostrarás más pasional. Habría que determinar qué actividades conviene o no realizar, pero hagas lo que hagas, parecerás un luchador, como si un motor interno te volviera imparable. También te sentirás más ansioso y hablarás de un modo algo brusco, por lo que debes cuidar tus relaciones, dado que Marte puede hacerte decir barbaridades y luego tener que arrepentirte. Sin embargo, salvando estas cuestiones, Marte resulta muy positivo porque te aporta deseo y ganas.

Júpiter en la casa I

Júpiter, naturaleza y efectos generales de su tránsito

Júpiter es uno de los planetas más grandes, por ello su influencia es especialmente importante en astrología. Suele ser considerado uno de los astros benefactores o benévolos, ya que aporta una dosis de suerte. Allí donde está Júpiter en la carta, caeremos bien parados, como si existiera una protección extra, ya que es un planeta generoso que amplía y aporta optimismo; de ahí que en la casa donde esté ubicado Júpiter, te sentirás seguro y confiado. Se refiere también a los valores, darás más valor a ciertos asuntos, pensamientos, a las personas en general y a quien esté cerca de ti. En el área de la vida influida por un tránsito de Júpiter, uno está contento, con fe, lleno de ganas. Júpiter representa la expansión, la apertura, una fuerza que nos lleva más allá, ya se trate de nuevos horizontes, pensamientos, relaciones, cambios de residencia, estudios, enseñanza o viajes. Se vincula con elementos que nos permiten aspirar a más en cualquier orden de la vida. No tiene límites, dado que justamente genera el desafío de los límites, tema en el que hay que cuidarse. En general, Júpiter aporta alegría, optimismo, fe y confianza y, si está bien aspectado y en un buen signo, sólo traerá cosas buenas, por eso es importante saber su ubicación y así poder aprovechar ese toque de buena fortuna que nos regala.

Júpiter en la casa I, la del ascendente

Con Júpiter en el ascendente, te dedicarás a asuntos y tratarás con personas que amplíen tus horizontes, que te den otro panorama de la realidad, más abierto, más grande, más trascendente, más lejano, todo tiende a más con Júpiter. Así también, tú mismo serás más, estarás más contento, con más alegría, deseo de vincularte, de viajar, de salir, de estudiar. Júpiter posee una energía muy positiva que provocará que te sientas con mucho poder y ganas. Deberás prevenirte de su carencia de límites. Así como te puede gustar divertirte, bailar, viajar, hay que tener cuidado con los excesos que Júpiter puede generarte, por ejemplo, en tus gastos, con las adicciones, con el tipo de gente que eliges para vincularte. Carece de medida, así que hay que controlarlo. Tu personalidad tendrá este estilo, el consejo es que procures equilibrarla.

Saturno en la casa I

Saturno, naturaleza y efectos generales de su tránsito

Saturno es el planeta de los límites, las restricciones, el paso del tiempo, el deber. Su presencia nos obliga a conducirnos con prudencia, a tomar las cosas muy en serio, a generar estructuras para la vida. En el área donde esté ubicado Saturno, harás lo correcto, y poco a poco, de forma más responsable. No es un planeta que fluya en su energía, por el contrario, es restrictivo y austero, ya que representa los límites de la vida. Es muy importante conocer la casa astrológica en la que se encuentra, si está bien o mal aspectado y en qué signo se halla. Nos dará cierta sabiduría, una sabiduría que proviene de la madurez que genera, así como respeto hacia los demás. Donde esté Saturno hay un compromiso adquirido que nos impone hacer las cosas bien, de la manera correcta. Suele ser un planeta temido en el Zodíaco, dado que donde aparece Saturno hay complicaciones y limitaciones, pero, al fin y al cabo, bien mirado, es positivo. Saturno representa la vida misma y su complejidad, y así como hay un planeta que abre, como Júpiter, también existe otro que limita, como Saturno, porque la vida es ambas cosas. Saturno pone reglas, se vincula con la ley, con lo correcto y formal. Si tiene buenos aspectos con otros planetas, facilitará grandes logros. Si uno atraviesa esos límites de forma correcta, si sabemos lo que hemos de hacer y lo realizamos bien, muy probablemente las cosas lleguen a buen puerto. Así que no es un planeta tan negativo como aparenta. Y lo mismo sucede con el benévolo Júpiter, que carece de límites, si uno se pasa de la raya, no le irá bien. El primero peca por exceso de confianza y el segundo por exceso de austeridad. Es importante tener ambas energías, eso es lo que nos enseña la astrología. El objetivo es que nos quedemos con lo positivo y productivo de todo ello.

Saturno en la casa I, la del ascendente

Con Saturno en el ascendente, te mostrarás más restringido y cauto, organizarás el año para cumplir con tus objetivos, paso a paso, sin prisas. Saturno en esta casa es austero, no gasta, no sale y, si lo hace, lo hará de forma medida y calculada. Resulta muy positivo para obtener logros, pero son pocos los logros que conseguirás con un Saturno en el ascendente, porque no te propondrás grandes metas, ni heroicas, ni inalcanzables. Te aportará orden y estructura a tu vida, así como responsabilidad, seriedad, capacidad de trabajo. Resulta excelente para estructurar y organizar cualquier asunto, para tener una visión concreta y realista de lo que hay que hacer, así como resulta muy bueno también para relacionarse con gente responsable y seria. Asimismo, todo lo vinculado con alguna tarea legal o administrativa resultará satisfactorio, porque allí Saturno se sentirá a gusto, cómodo, y cuando Saturno se compromete a hacer algo, lo hace, y los resultados son bien concretos, medibles y cuantificables. Tú mismo serás más concreto, más práctico, irás directo al grano y no darás muchas vueltas.

Urano en la casa I

Urano, naturaleza y efectos generales de su tránsito

Urano es el planeta que representa los cambios en astrología, las cosas que están como quietas o fijas y, repentinamente, se produce un vuelco y nos decimos «esto no lo quiero más, o necesito más libertad, o más amplitud, o cambiar de enfoque». Urano nos da esa energía; es el astro que te ilumina con alguna idea o con una modificación en la vida, un cambio de trabajo, de pareja, de país o una mudanza. Urano deja una fuerte marca, tiene gran potencia, determina con fuerza. Y la astrología es un campo muy vinculado con Urano, ya que muchas de las consultas que recibe un astrólogo se deben a un tránsito de Urano, cuando sentimos la imperiosa necesidad de cambiar algo o de saber algo nuevo. Como dios del cielo, Urano es el rayo que ilumina la roca o la rompe, y es la idea, la intuición, la inteligencia y el brillo mental. Todo lo uraniano está ligado a lo original, diferente, creativo, porque al simbolizar los cambios, representa lo nuevo, la innovación en cualquier ámbito, las ideas avanzadas, a veces, poco comprensibles según la época, ideas que hemos de trabajar para comprender que son mejores; de ahí que lo uraniano sea tildado de raro. Urano también promueve la libertad y la igualdad, la independencia de criterio, la búsqueda de algo distinto, extraño a lo común y habitual. Es un planeta que beneficia las expresiones artísticas, que facilita el que nos diferenciemos, que sobresalgamos por generar conceptos nuevos en el ámbito laboral, así como en el de la pareja. En el área de la vida afectada por Urano, algo cambiará y ese cambio será, por lo general, muy notorio.

Urano en la casa I, la del ascendente

Urano en tu ascendente te volverá original, surgirán asuntos diferentes, habrá cambios, particularmente en tu personalidad, querrás hacer algo nuevo que nunca hiciste, tendrás deseos de modificar aspectos más sencillos de ti mismo, como teñirte el pelo, vestirte de otro modo, tener otros amigos, novios, viajar o modificar tu lugar de residencia. Todo cambia cuando Urano se hace presente en la casa I. De lo que tienes que cuidarte es de la forma en la que actúa este planeta, porque es rudo y abrupto, tiende a generar acontecimientos desestabilizantes. Por ejemplo, si quieres hacer algo muy original, quizá pronto te das cuenta de que lo que has hecho es tan raro que no tiene valor porque carece de vínculo con la realidad. Así que hay que controlar el instinto que Urano provocará en ti de querer cambiar todo de forma rotunda, y pensar primero si lo que pretendes se puede realizar, así como evaluar los aspectos implicados para minimizar los posibles daños de ese cambio, para que afecten lo menos posible a nuestro entorno y, si lo afectan, que muestres consideración con el otro, porque Urano en el ascendente puede hacer que te comportes de un modo brutal en ocasiones. Pero, por otro lado, resulta una influencia maravillosa, ya que te volverá más innovador, creativo, libre, divertido, lograrás romper con lo establecido que te parecía imprescindible superar o generará un cambio necesario, y es positivo que así sea. Aprovecha las ideas nuevas, distintas y originales que te regalará.

Neptuno en la casa I

Neptuno, naturaleza y efectos generales de su tránsito

Neptuno está relacionado con las fantasías, los sueños, las ilusiones y los deseos más inconscientes. Su energía es hacer que todo fluya, que sea permeable, dulce, hermoso, suave. Tiene mucha relación con las capacidades innatas para el arte, el cuidado de los otros, de los animales, las personas, los niños, los adultos, los débiles. Asimismo, es un planeta conectado con la reclusión, con una mirada introspectiva que nos hace preguntarnos qué es lo que de verdad queremos hacer y qué nos gusta. Neptuno regala ilusión y fantasía, pero, cuidado, también impide que veamos la realidad, ya que pone una especie de velo que la tiñe del color con el que Neptuno desea mirar. Esa mirada puede ser mágica y producir cosas buenas o resultar peligrosa y hacerte caer en engaños, porque donde está Neptuno no vemos con claridad, sino sólo de modo subjetivo. De ahí que su posición en la carta sea esencial, según el área de la vida afectada, hay que analizar si lo que percibes es real. Por otro lado, Neptuno promueve el romanticismo, la fantasía, la fusión con el otro, el enamoramiento, así como una afectividad profunda y trascendente que busca hacerse uno con el todo. Asimismo, genera sacrificio y renunciamiento de objetos, personas o situaciones. Neptuno tiene un aspecto muy solidario, ya que nos hace renunciar a nuestro propio ser para entregarnos a los demás. Recordemos además que es el dios del mar y que su energía es la de un mundo acuático, submarino, oculto, profundo, fluido. Una fuerza que puede ser tan corrosiva como la del fuego, que no quema pero disuelve, corrompe y destroza las cosas con el paso del tiempo. Aporta gran fuerza interior y, si la persona se conecta con ella, logrará cumplir sus deseos. Neptuno sugiere asimismo una tendencia a las adicciones, una sensibilidad muy potente, pero dirigida hacia el interior del individuo, y un vínculo estrecho con lo espiritual, la religión, lo místico, las creencias, lo sobrenatural. Neptuno es profundo, pero cerrado y susceptible. Con un tránsito de Neptuno, hay que cuidar el ánimo, no deprimirse, no ilusionarse en exceso, prevenirse de engaños y tratar de equilibrar nuestra vida.

Neptuno en la casa I, la del ascendente

Neptuno en el ascendente te volverá fantasioso, enamorado, romántico, etéreo, lleno de ilusión y habitando el mundo de tus sentimientos. Será positivo para cuidar a alguien, enamorarte, realizar alguna actividad artística o física. Su energía es hermosa porque te dejarás llevar, con Neptuno todo fluye. Deberás tener cuidado de que no opaque tu visión de la realidad, así que no es un buen momento para formar sociedades o tomar una decisión económica. Porque no serás objetivo. Con Neptuno en el ascendente, no es recomendable tomar este tipo de decisiones. Sí resultará excelente para un proyecto artístico, cualquier labor sensible, de fantasía y ensueño, creativa. Mucho cuidado con embarcarte en asuntos en los que puedas quedar encerrado, que no puedas dejar; estate prevenido de ser engañado por otra gente y de elegir bien tus vínculos. Prevención ante ilusiones vanas, resguarda tu salud y evita adicciones, y no te encierres demasiado en tu propio mundo. Lo bueno, te mostrarás más dulce y empático, pero evita fundirte con el otro o ser muy influenciado por los demás.

Plutón en la casa I

Plutón, naturaleza y efectos generales de su tránsito

Plutón reina sobre las profundidades de la tierra y las grandes transformaciones. El área de la vida en la que Plutón se halle tiende a modificarse, en ocasiones, de modo abrupto y doloroso. Donde está Plutón hay dolor, porque está vinculado con las pérdidas, con modificaciones en la estructura profunda de la persona. Plutón nos ayuda a realizar cambios radicales, a descartar, destruir, matar. Todos los procesos íntimamente relacionados con la vida lo están a la vez con la muerte, y Plutón se identifica con la muerte, ya sea de personas, asuntos, épocas, sentimientos, visión de la vida. Es un planeta intenso que nos pide tocar fondo, que genera procesos extremos de los cuales hemos de salir a toda costa. Lo positivo de Plutón radica en que la persona que resurgirá después de esa batalla, enfermedad o pérdida, aquel que llegue de ese mundo de tinieblas y oscuridad, será un ser más fuerte y con capacidad de transformación personal y de la realidad. Plutón nos fuerza a ser comprometidos, allí donde transite nos obligará a aprender algo importante. Recuerda que será quien te ayude a realizar las transformaciones internas que necesitas, él te enseñará cómo seguir adelante, siempre de la mejor forma y, aunque hayas sufrido, saldrás renacido y más fuerte. El deseo, el sexo, la pérdida, la muerte, las herencias, el control y el poder son parte del mundo de Plutón. Sabe de tus deseos más íntimos y de los del otro, suele manipular sus sentimientos, quiere poseerlo, busca ganar mediante el control de las situaciones. Y lo logra, porque es habilidoso, incisivo, inteligente, profundo, posee gran energía y es muy intenso. Los tránsitos de Plutón nos ayudan a hacer lo que nunca pensamos realizar, a movilizar lo estancado para renovarlo. Sabe moverse en las aguas de los sentimientos y deseos oscuros, por eso activa la creación artística y el sexo. Es el gran transformador del Zodíaco; primero destruye lo que no sirve, luego lo transforma y construye una obra nueva. Plutón recicla y elabora algo nuevo a partir de deshechos, crea con emociones oscuras, genera desde el sufrimiento, elabora algo interesante y hermoso con lo que nos da miedo.

Plutón en la casa I, la del ascendente

Con Plutón en el ascendente, que eres tú mismo, tu personalidad cambiará. No hay opción; necesitarás transformar, tocar fondo, habrá algún cambio profundo, alguna crisis personal, alguna pérdida, o te verás obligado a revisar aspectos personales que te disgustan, estarás en lucha contigo mismo. Hay que recordar que la casa I corresponde a uno mismo, pero relacionalmente se vincula de forma necesaria con el otro, dado que somos individuos sociales. Así, lo que nos pase afectará a los demás, y si estamos tristes o sufrimos, lo transmitiremos. Por tanto, es importante tener en cuenta que con un tránsito de Plutón, tu personalidad adquirirá las características descritas. Para ciertas actividades, Plutón resulta positivo, por ejemplo, si tienes que terminar una carrera o poner toda tu energía en un asunto para obtener resultados positivos, para eso es ideal; ya que te dará mucha intensidad, claridad, sabrás qué buscas e irás tras ello, pero antes de conseguirlo, has de aceptar que deberás atravesar una tormenta. Lo importante con un tránsito de Plutón es saber que, antes de lograr objetivos positivos, transitaremos una etapa difícil de dolor o una pérdida, que luego saldremos reforzados, y que esa nueva energía no se disipará, sino que se quedará con nosotros para ayudarnos a enfrentarnos a la vida.

CAPÍTULO IV

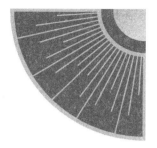

¿Qué indica la casa astrológica en la que aparece tu Sol?

En este capítulo, te enseñamos a saber:

- El significado de las 12 casas astrológicas de la rueda zodiacal y la importancia de las conexiones entre ellas.
- Los mensajes del Sol de revolución por casas astrológicas. ¿En qué áreas de la vida resaltará más tu personalidad y destacarás en tus tareas?

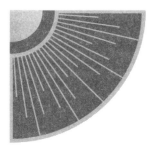

El significado de las 12 casas astrológicas de la rueda zodiacal y la importancia de las conexiones entre ellas

A continuación, hablaremos de las 12 casas astrológicas de la rueda zodiacal, tema esencial para que tú, lector, comprendas la posición del Sol por casas, así como la de los demás planetas, que veremos más adelante, y un asunto esencial en astrología para interpretar una revolución solar o una carta natal. Las casas astrológicas constituyen uno de los factores más interesantes para ordenar la información dentro de una carta, que, como ya hemos señalado, corresponde a diferentes terrenos concretos de la vida. Así que los 10 planetas de la astrología nos afectarán según en qué casa estén ubicados. De este modo, en una revolución solar, según la información planetaria de cada casa durante un año, sabremos qué nos sucederá en ese período en ámbitos específicos. Algunas casas afectan al área laboral, otras a aspectos personales, como la casa I o del ascendente que acabamos de ver, otras se refieren a vínculos y relaciones, y así sucesivamente hasta abarcar los asuntos principales de la vida. Todo ello presupone un orden y un sentido que debemos conocer a fin de interpretar los datos astrológicos de una revolución de modo concreto y, a la vez, sutil.

Casa I

La casa I es la **casa de la personalidad.** Se refiere a nuestra personalidad, conducta, forma de ser y, por lo tanto, alude también a lo relacional, a todo lo que nos conecta con los demás. Esta casa I o del ascendente abarca lo que podríamos denominar «personalidad externa» del ser humano. En el Zodíaco fijo, la casa I corresponde al **signo de Aries.** Siempre será más importante que otras, dado que nos representa a nosotros mismos. Por eso resulta fundamental saber qué signo y planetas tenemos en la casa I de la carta natal, porque ésas son las energías de nacimiento que tendremos toda la vida. Pero también son esenciales en una revolución solar, dado que nos aportarán cierta energía que nos hará reaccionar de un modo distinto. Ésas suelen ser las consultas que reciben los astrólogos, y surgen porque hay algún planeta de la revolución solar que afecta a la casa I y toca fibras íntimas del consultante. Y quizá no harían esa consulta en otro momento, pero cuando por revolución algún planeta importante afecta a la casa I, o cualquier otra relevante, sentirán la necesidad de hacerla. Estos tránsitos planetarios por casas causan extrañezas o dudas sobre qué rumbo tomar.

Casa II

La casa II es el área de **los recursos económicos y personales.** Es el ámbito que corresponde a las **tenencias,** el **dinero** y a la pregunta: «¿Con qué contamos?». Abarca los asuntos económicos, pero no exclusivamente a ellos. Esas tenencias o posesiones también pueden hablar de la gente con la que contamos, de estudios o conocimientos que poseemos; en suma, de **recursos personales.** Así, la casa II no se refiere únicamente al dinero, pero sí es un área concreta, es con lo que contamos. Asimismo, se vincula con el **cuerpo físico.** En el Zodíaco fijo, corresponde al **signo de Tauro.**

Casa III

Ésta es la casa **del pensamiento y la comunicación.** El área que corresponde en el Zodíaco fijo a **Géminis.** La casa III es la casa de los **conocimientos,** el área de los estudios primarios y la casa de los hermanos; también de nuestros compañeros de escuela, de quien nos enseñó originalmente a leer, a hablar, a comunicarnos. Abarca, como vemos, el área de la infancia, además del conocimiento. Alude a todo lo referido a la comunicación, el **aspecto vincular** con el otro, tanto el que enseña como el que aprende, el conocimiento en general, **la información, la inteligencia, el intercambio.**

Casa IV

La casa IV es la casa **del hogar y la familia,** el ámbito que se refiere al clima familiar del que nos hemos nutrido desde que somos muy niños. Nos habla de la infancia de la persona, nos dice cómo vivimos en el hogar y qué tipo de hogar formaremos nosotros en el presente o futuro. Es una casa introspectiva que se refiere a nuestro entorno, nuestra casa, nuestros vínculos esenciales, **nuestra madre y a nuestra capacidad maternal.** En el Zodíaco fijo corresponde al signo de **Cáncer.**

Casa V

Es la casa de la **creatividad, la diversión y los amoríos.** Se trata de un ámbito muy vital, muy creativo y corresponde al signo de **Leo** en el Zodíaco fijo. La casa V alude a la **creatividad**, a cualquier actividad creativa, artística o no, a lo que uno crea o hace, al identificarse a través de lo que hacemos, de la gente con la que realizamos esas tareas. También se refiere a lo que pensamos, a la gente que queremos, a los amores, aventuras y amantes. Asimismo, se vincula con **los hijos, el juego, la alegría y la diversión.**

Casa VI

La casa VI corresponde a la **salud y al trabajo.** Alude a todo lo relacionado con el cuerpo físico, con cómo nos sentimos, lo que hacemos con nuestra salud en lo cotidiano, la forma de alimentarnos, si hacemos actividad física. La casa VI es muy importante. Y respecto al trabajo, y por «trabajo» entendemos lo que uno hace cotidianamente, no necesariamente por dinero. También representa las actividades de cada día, lo rutinario y metódico. En astrología suele decirse que siempre que uno trabaje de forma correcta y con satisfacción, no enfermaremos, así que por esa razón la salud y el trabajo están relacionados con la casa VI. Corresponde al signo de **Virgo.**

Casa VII

La casa VII es la casa que se refiere al **matrimonio, la pareja y al otro** en general. Nos habla del encuentro con el otro. Así como la casa I somos nosotros, el yo, la casa opuesta o enfrentada en el círculo de la rueda zodiacal, es la VII, el otro. Es nuestro complemento, a quien miramos, nuestro reflejo, el interlocutor y simboliza el encuentro con ese otro, con conocerlo, con ponerse de acuerdo. Hay un punto de equilibrio entre mi opinión y la del otro, entre mi mirada y la suya, lo cual presupone una dinámica vincular. Se identifica además con las **relaciones y los socios.** El signo que corresponde a esta casa es **Libra.**

Casa VIII

Ésta es la casa de **la muerte, el sexo, las herencias.** La casa VIII también se refiere al **sexo y la intimidad,** a la vez que corresponde al área de **las pérdidas y la muerte.** Sugiere el meterse dentro del otro, desearlo, poseerlo, conocerlo, llegara profundizar; esta casa habla también de las relaciones, pero desde un lugar más profundo.

Opuesta a la casa II, referida a aquello que tenemos, ésta es la casa de lo que heredamos, las herencias, lo que nos llega por parte de nuestra familia o de los padres. También está relacionada con la casa IV, porque está vinculada con los asuntos del alma y de los sentimientos. El signo que le corresponde es **Escorpio.**

Casa IX

Es la casa de **los ideales, los valores, el espíritu, los viajes.** El signo que le corresponde es **Sagitario.** Nos informa sobre nuestros ideales, **valores,** sentido ético y se relaciona asimismo con las **creencias,** aquello en lo que creemos. Nos habla de qué soñamos y de qué queremos ser. Es una casa vinculada la **espiritualidad,** referida además a los **viajes al exterior,** los **estudios terciarios** y a todo aquello que nos abre a una nueva dimensión de la existencia, aquello que nos cuestiona, que nos conduce hacia algo mejor en la vida.

Casa X

La casa X es la que corresponde a la **vocación, la profesión, el reconocimiento social.** Se refiere a las metas, el reconocimiento público y el deber ser, el hacer lo correcto. Aquí salimos al mundo, decidimos irnos fuera de casa y trabajar, tener una profesión, una vocación, una meta, un oficio, una carrera, elementos todos que permiten esa búsqueda de éxito social. Corresponde al signo de **Capricornio.**

Casa XI

Ésta es la casa de **los grupos y la creatividad en grupo.** En el Zodíaco fijo, corresponde al signo de **Acuario.** La casa XI corresponde al área de los **ideales comunes, de la creatividad grupal.**

Se vincula con **la libertad, los amigos** y con cualquier actividad que hagamos a partir de idea común en grupo, al que nos adaptamos satisfactoriamente, pero en el que conservamos también nuestra individualidad y particularidades. Se identifica asimismo con todos los aspectos creativos, lo avanzado o con temas distintos y nuevos.

Casa XII

Ésta es el área **del más allá de la vida, la reclusión, el inconsciente, el alma.** Última casa astrológica de la rueda zodiacal, corresponde al signo de **Piscis.** Simboliza el **inconsciente, los sueños, el más allá, el alma, la reclusión.** Se identifica con un viaje interno y con el renunciamiento del ego para fusionarse con el todo. Tiene un **contenido místico,** se refiere a comprender que el otro es uno mismo, que es la naturaleza, el mundo, el vecino. Es el todo integrado y nos habla de **cuidar** y tratar de entender la existencia de modo integral. Presupone el **renunciamiento** general al yo y el ego, el deseo individual de transformarse en un ente cósmico **fusionado al universo** o al todo. También apunta a una creencia o religión, pero a ninguna en particular, sino a la **fe** en la existencia de eso que llamamos dios o en una entidad creadora, en algo más grande que nos abarca e involucra a todos. También es la casa que corresponde al más allá de la vida y al antes de la vida. Es **el hogar de alma** y por esa razón se relaciona con las casas IV y VIII.

Las casas astrológicas agrupadas por temas, signos y elementos

Para una mejor y mayor comprensión de las 12 casas astrológicas, también es posible agruparlas en grupos de 3 por su coincidencia temática. Así se dividirían en cuatro grupos de 3 casas cada uno.

Casas I (de la personalidad), V (de la creatividad, la diversión, los amoríos) y IX (de los ideales, los valores, el espíritu, los viajes)

Son casas astrológicas que aluden al pensamiento y lo intelectual. Corresponden en el horóscopo fijo a los signos de **Aries, Leo y Sagitario** y, por lo tanto, son casas dominadas por el **elemento fuego.** Se refieren sobre todo al ámbito del pensamiento, mientras que las del alma se vinculan con los sentimientos y las emociones profundas y las de lo material se identifican más con lo vivencial y corpóreo. Esta clasificación es útil, ya que constituye otro modo de agrupar las casas astrológicas para comprenderlas mejor. Las **casas I, V y IX** sugieren **asuntos vivenciales, referidos al cuerpo físico,** al cuerpo desde un enfoque pasional, considerado como motor de vida. Apuntan a asuntos de carácter real y vital. El vínculo entre ellas y su **interpretación conjunta sobre la presencia de planetas en estas casas es importante,** ya que nos aporta un nuevo matiz para comprender las energías de una carta. Las personas que tienen presencia planetaria en I, V y IX son gente vital, llena de ganas, de impulso, individuos que se levantan por la mañana con energía, que tienen sueños, que hacen, activan, ponen el cuerpo. Es interesante observarlo, porque se trata de una característica muy visible y notoria.

Casas II (de los recursos económicos y personales), VI (del trabajo y la salud) y X (de la vocación, el reconocimiento social y la profesión)

Son casas astrológicas que se vinculan con ámbitos de la vida utilitarios. Corresponden, en el horóscopo fijo, a los **signos de Tauro, Virgo y Capricornio,** tres signos del **elemento tierra,** el que domina la materia, su desarrollo y su conservación. Las tres son casas que se identifican con **la utilidad,** con el que te preguntes «de qué me sirve y para qué»**,** porque nos hablan de asuntos materiales, cosas concretas y temas terrenales, «contantes y sonantes», para decirlo de un modo coloquial. Así, las **casas II, VI y X se refieren al dinero, el trabajo, las metas, la profesión,** lo que uno hace para ganarse la vida, lo que estudiamos, las acciones que llevamos a cabo para ordenarnos.

Casas III (del pensamiento y la comunicación), VII (el otro, el matrimonio, los demás) y XI (los grupos, la creatividad en grupo)

Estas son las casas astrológicas que se identifican con los vínculos, con la comunicación con el otro. En el horóscopo fijo corresponden a los **signos de Géminis, Libra y Acuario,** tres signos del **elemento aire,** elemento referido por excelencia **al pensamiento, la inteligencia, la comunicación y la relación con el otro y con los grupos.** Se trata de áreas de la vida que nos hablan del vínculo con los demás, con el hecho de comunicarse, con la capacidad de poner sentimientos y pensamientos en palabras, con relacionarse, pensar, así como con la inteligencia y el conocimiento.

Casas IV (de la familia), VIII (la muerte, el sexo, las herencias) y XII (el más allá de la vida, la reclusión, el inconsciente, el alma)

Llamadas las «**casas del alma**», estas tres casas nos hablan de los sentimientos y del mundo de las emociones. Corresponden a los signos de **Cáncer, Escorpio y Piscis,** tres signos del **elemento agua.** Un elemento vinculado con el **inconsciente, las emociones, la sensibilidad y la creatividad.** Algunas se refieren a estos temas desde lugares más visibles, otras desde espacios menos perceptibles, pero las tres nos hablan de lo que la persona siente. Son casas identificadas con el alma, con el deseo, con lo que nos gusta, aquello que queremos, lo que nos sucede o lo que no nos sucede. De este modo, si nos concentramos en las similitudes entre ellas, facilitan una comprensión más cabal sobre estas temáticas de la casa IV, de la familia; la VIII, del sexo y la muerte; y la XII, del más allá, el inconsciente, el alma y la reclusión. No son temas accesibles, pero resultan **asuntos fundamentales que nos influyen muy profundamente,** de ahí su importancia.

Las casas astrológicas agrupadas por ejes

La rueda zodiacal es un círculo dividido en 12 secciones de los mismos grados. Son las 12 casas astrológicas y cada una corresponde a diferentes áreas de la vida, como hemos visto. Esta rueda puede estar atravesada por **líneas horizontales** de modo tal que **unamos casas y signos opuestos y complementarios.** Así, por ejemplo, la casa I, área del yo, correspondiente al signo de Aries en el horóscopo fijo, se une con su opuesta, aquella que se encuentra enfrentada en el círculo, que es la casa VII, área del otro, correspondiente al signo de Libra. En el caso del ejemplo, casa I-casa VII, estamos hablando de una **temática similar, pero con características opuestas.** Y agregamos el adjetivo «complementarias» anteriormente porque de alguna manera todo lo opuesto resulta complementario, uno completa al otro, uno le da al otro lo que le falta, **ambas casas representan las caras opuestas de una misma moneda.** Este vínculo entre casas opuestas es lo que en astrología denominamos «ejes astrológicos». La clasificación por ejes de las casas es esencial, ya que **uno de los signos que domina una de las casas del eje tiene como luz sus propios elementos y características y, a la vez, como sombra, los elementos y características de la casa y del signo opuestos.** Sin embargo, **todo ser es su luz y su sombra a un tiempo,** de ahí la riqueza de esta perspectiva. En ambas casas la temática es la misma, pero vista desde puntos opuestos y complementarios: mientras la I se refiere a lo que yo soy, lo que yo muestro, aquello que yo digo, el lugar donde yo aparezco, mis gustos, mi carácter, mis formas, mis opiniones, características vinculadas con el signo que la rige, Aries, su complementaria, la VII, está regida por el signo de Libra, el lugar donde aparece el otro, lo que el otro es, lo que el otro dice, lo que el otro quiere, lo que al otro le gusta, lo que el otro me quiere decir y aquello que le sucede al otro conmigo. Por eso este eje de las casas I y VII se refiere a ambos, al diálogo entre el yo y el tú, es decir, al mundo de las relaciones, al vínculo que me une a otro. El eje se identifica conmigo, pero también a mí con el otro y al otro conmigo; es decir, presupone una relación dialéctica, de mutuo y permanente intercambio, de tensión y comunicación. Por esta razón, muchas veces, cuando hablamos de la casa I, también hablamos de la VII, porque esa casa es nuestro interlocutor, el que escucha, el que me habla y al que yo escucho y al que le respondo.

Eje del encuentro, casas I-VII

Este eje, del que acabamos de hablar, nos muestra que **nos descubrimos primero a nosotros mismos como individuos y después al otro.** Cuanto más nos conocemos a nosotros mismos, más capaces somos de llevar una relación armónica con el otro. La I tiene que ver con el yo y la VII, con el otro. Esto significa que, **si hay planetas en la casa I, afectarán a la casa VII también y, de manera inversa, si hay planetas en la casa VII, necesariamente afectarán a la casa I.** Por este motivo, es importante pensar la astrología desde el punto de vista de los ejes. Yo soy Aries y tengo una naturaleza, pero también soy mi opuesto, Libra, porque yo soy mi luz y mi sombra. Este fenómeno se denomina en astrología «polarización», y es muy común ver a personas que están polarizadas en su opuesto, es decir, trato con una persona de Aries que parece un Libra o hablo con un Libra que se parece más a un Aries.

Eje de la posesión y de la sustancia, casas II-VIII

La **casa II** es la casa de las tenencias, **lo que yo tengo** y lo que yo hago para poseer lo que tengo (dinero, conocimiento, amigos), y la **casa VIII**, su opuesta, simboliza **lo que yo recibo de otros,** la herencia, lo que me dejaron, lo que a mí me dieron o recibiré en un futuro, también lo que consiguen los demás para mí, lo que hace la gente por mí. La casa II se refiere a un eje práctico y muy concreto, también se vincula con el cuerpo físico propio, mientras que la casa VIII complementa este aspecto, ya que representa lo que uno siente, lo que uno desea, lo que uno necesita. Así, la **casa II abarca el mismo tema que la VIII, pero desde un lugar concreto y práctico, mientras que la casa VIII lo sugiere desde un enfoque centrado en el alma y las emociones profundas y ocultas.** Pero hablamos de lo mismo, del deseo, de las tenencias, de lo que poseemos o deseamos poseer. En la casa II, está concentrado en su nivel más físico, con las cosas que me hacen sentir bien y obtener placer; la VIII se refiere al mismo tema pero desde la sombra, ya que se vincula con la pérdida, el dolor, el sufrimiento, es decir, aquello que pierdo, aquello de lo que padezco o aquello de lo que carezco; menciona más lo que deseo tener que lo que poseo.

Eje del pensamiento y la comunicación, casas III-IX

La **casa III y la casa IX** están ligadas al **conocimiento y el aprendizaje.** Desde la casa III, hablamos de un aprendizaje más **relacionado con lo más primario,** como son los estudios escolares y lo captado a partir de las relaciones de la infancia, mientras que la casa IX, está más vinculada con el **mundo adulto** que permite ampliar este conocimiento original. El eje une lo que uno dice, hace y piensa, propio de las casas III y IX, que se refiere a aquello que deseo, que anhelo, con lo que sueño, con ir a por más en la vida. Por eso el eje de las casas III y IX trata un mismo tema, que es **el conocimiento.**

Eje de los afectos y de la realización personal, casas IV-X

También podríamos denominarlo **eje de los padres,** ya que, en la astrología clásica, la casa IV corresponde a **la madre,** el afecto, el clima de la infancia, todos los sentimientos que construimos, el espacio donde nos sentimos protegidos, contrapuesta a la casa X, que corresponde a la figura **del padre** y la salida al mundo donde nos planteamos qué metas hemos de seguir para sentirnos seguros. Todas estas decisiones que tomamos en nuestra vida, que surgen desde el inconsciente y nacen desde que somos pequeños, enfocados en sentir el máximo de protección y de afecto dentro del marco familiar, con el paso del tiempo, cuando ya somos adultos, se transforman en la búsqueda de metas, objetivos, vocación, una identidad personal. En suma, en **llegar a ser el individuo que quiero ser, pero siempre a partir de lo que fui,** de estos afectos recibidos, de esta capacidad de sentir. Así, la casa IV se refiere a los sentimientos, a lo afectivo, al hogar, a lo que fuimos y recibimos de niños, mientras que la casa X corresponde a la salida del individuo a la sociedad, al mundo. Pero tanto en la **casa IV como en la casa X, hablamos de nosotros mismos comportándonos en ámbitos opuestos y complementarios: uno más seguro, protegido, de contención; otro, más arriesgado,** donde salimos de nosotros mismos con las herramientas recibidas en la casa IV. La casa IV y la casa X tienen que ver con lo que fuimos, con lo que deseamos ser, para lo cual, necesitaremos metas, vocación, profesión o reconocimiento social.

Eje de la creatividad y de la libertad, casas V-XI

Asimismo, podríamos identificarlo como el eje de los deseos y de las ilusiones. La **casa V se refiere al aspecto creativo, a aquello que nos identifica con nosotros mismos para poder ser y realizarnos, mientras que la casa XI se vincula con el mismo tema, la creatividad, pero en un ámbito grupal.** Es el espacio en el que la persona se encuentra con otra gente y juntos elaboran un ideal, una idea, un sueño, un objetivo, un proyecto o una obra común. De este modo, las casas V y XI constituyen el eje de creatividad.

Eje de la existencia y de la transferencia, casas VI-XII

Podemos considerar a la **casa VI como una casa de crisis y a la casa XII como una casa de revisión,** dado que **ambos espacios exigen un cambio.** En la casa VI ese cambio presupone una **crisis más personal,** mientras que en la XII se refiere a una crisis o **transformación vinculada con la comunidad o lo trascendente.** Tanto la casa VI como la casa XII se vinculan con el control y el orden del caos. Mientras la casa VI lo realiza desde un trabajo más cotidiano, rutinario, minucioso y detallista, y la casa XII actúa a partir de la entrega al otro, de la comprensión y de tratar de entender lo que le sucede al prójimo para poder ayudarlo. Éste también es un eje muy interesante, porque ambos aluden de algún modo al **sacrificio del individuo;** en la casa VI en un **sentido de servicio al otro,** con lo que uno hace para mejorar lo cotidiano desde su lugar individual, en la casa XII con mejorar la existencia en sí misma, con un sentido de servicio que refiere a un **nivel más trascendente** e integral, al todo y a todos.

Los mensajes del Sol de revolución por casas astrológicas. ¿En qué áreas de la vida resaltará más tu personalidad y destacarás en tus tareas?

Como ya señalamos, el Sol es el planeta más importante de nuestro sistema solar y en astrología nos representa a nosotros mismos. Donde aparece el Sol en la carta natal o en la revolución solar, allí estamos nosotros. Por esa razón, **corresponde al signo de la persona,** es el signo en su esencia y en su máxima potencia. El Sol es el planeta que nos hace brillar, que nos ilumina, el que hace que podamos ser lo que somos y ofrecer lo mejor de nosotros mismos. De ahí que sea tan importante saber en una revolución solar en qué **casa astrológica se encuentra el Sol,** porque será en las áreas de la vida que corresponden a esa casa, el espacio donde nosotros podremos desarrollar todas las capacidades completas e integradas de nuestra persona para sentirnos bien y **satisfechos con nosotros mismos.** El Sol simboliza **la voluntad,** el ser y lo que nosotros hacemos para estar bien, por eso se vincula fundamentalmente con nuestra felicidad, con el sentirnos realizados e íntegros en la vida. Donde esté nuestro signo en la revolución solar, allí estará nuestro Sol. A continuación, detallaremos las áreas y los ámbitos de la vida en los que estaremos iluminados y podremos ser felices.

Sol de revolución en la casa I

El Sol ubicado en la casa I o en el ascendente te indica que gozarás de mucha energía, vitalidad, optimismo, ganas de hacer cosas, de poder participar de proyectos, de conocer gente. Muy probablemente, llames la atención como individuo en el ámbito social. Asimismo, te aporta un valor extra de confianza en ti mismo, cierta luz que hace que brilles exteriormente, que puedas ser exitoso, que la gente quiera estar contigo, verte, elaborar un proyecto conjunto, porque ese Sol en la casa I te vuelve muy seductor y atractivo.

Tendrás mucha fe y voluntad para realizar cualquier objetivo que te propongas sin dudar, ya que ese Sol te aporta seguridad y, particularmente, hace resaltar tu personalidad. Así, si tienes algo que decir, lo dirás; si deseas mostrar algo al mundo, lo harás. Este Sol en I, en ti mismo, te ofrece la posibilidad de sentirte bien plantado y confiado sobre lo que quieres o piensas. Por todas estas razones, el Sol en la casa I te aportará reconocimiento público, exposición y seguridad, no sentirás miedo. Sería entonces para ti un excelente año para que muestres tu mejor cara y obtener buenos resultados en aquello que emprendas o en tu tarea habitual. También te regalará un carácter optimista, una personalidad generosa, te mostrarás solidario, seductor, empático y alegre.

Sol de revolución en la casa II

La casa II representa lo que tenemos y aquello que realizamos para obtener lo que poseemos. Cuando tienes el Sol en II, muy probablemente haya nuevos ingresos, te activarás para reafirmar asuntos y proyectos. Entre otros temas, esta casa se refiere al dinero, así que, cuando tienes el Sol en II, seguramente habrá entrada de dinero, o bien habrá posibilidades de realices algo fructífero, próspero, que te aporte ganancias o que recibas nuevos ingresos, lo que generará que te sientas tranquilo y seguro económicamente. Hay que recordar que donde está el Sol, uno brilla, sale a la luz, se muestra y es valorado, por lo tanto, será un muy buen momento para hacer negocios, o encarar algún tipo de emprendimiento con visos de buenos resultados. Donde se posiciona el Sol es donde pondrás tu energía, así que hay muchas probabilidades de que éste sea para ti un año de mucho trabajo y actividad que mejorarán tus ingresos.

Sol de revolución en la casa III

La casa III corresponde al área de los estudios, el conocimiento y el pensamiento, por lo que, cuando el Sol se encuentra aquí, tendrás la necesidad de volver a estudiar o de aprender algo nuevo, necesitarás comunicar información o sentirás el deseo de enseñar. Un Sol en la casa III resulta ideal para los nuevos estudios y el aprendizaje en general. Se trata de una ubicación, además, en la que el Sol te facilitará el lograr buenos acuerdos, conseguir un buen intercambio intelectual con otras personas o facilitar el desarrollo de tu conocimiento. El Sol brillará para ti en estos asuntos, ya se trate de aprender más, de comenzar nuevos estudios, de reafirmar los que ya tienes o de realizar una síntesis de lo que sabes.

Sol de revolución en la casa IV

La casa IV simboliza tu hogar y tu familia. Cuando tienes el Sol en IV, notarás la necesidad de tener un hogar y de formar una familia. Es importante que te desarrolles en esta área, algo que puedes hacer de modos distintos. Quizá sea un buen momento para tener un hijo, o para pensar en mudarse con alguien a quien quieres, o tal vez resulte un buen año para reacomodar cosas del hogar. La IV es una casa muy afectiva, de sentimientos muy profundos y arraigados, ya que habla de la madre, de tu hogar, de tus experiencias infantiles e inconscientes. De esta manera, un Sol en IV te hará sentir muy sensible, más afectivo, deseoso de establecer un contacto profundo con tus afectos más primarios, los del hogar, tu familia, tus hijos, padres, hermanos. Si puedes compartir con ellos ese amor que los une, este Sol brillará en ti y te llenará de luz. Por el contrario, si te encuentras desarraigado o sin afectos, sin hogar, este Sol no se sentirá realizado y tú no te sentirás satisfecho. Así que es un momento para regar, nutrir y cosechar la contención que los lazos familiares generan. Llénate de ese clima de afecto en familia con tu familia primaria, o decídete a formar la tuya propia. Hacerlo te hará feliz, y éste es el momento.

Sol de revolución en la casa V

En el horóscopo fijo, la casa V es la que le corresponde al signo de Leo, y precisamente el Sol es el planeta que rige este signo, por lo tanto, el Sol está muy cómodo en esta casa, ya que se encuentra en el lugar al que naturalmente pertenece. Todo lo que se refiere a la casa V se vincula con lo creativo, con el ámbito en el que desarrollas tus habilidades personales, haces, inventas, creas. Es una casa que se conecta con todas las actividades artísticas, la diversión, con la diversificación en actividades distintas y simultáneas. Asimismo, se refiere a las relaciones, a los vínculos con los que nos identificamos, con personas que te siguen, te enseñan, te valoran. Por otra parte, es una casa astrológica que se identifica con lo que proyectas, por ejemplo, con los hijos, las aventuras amorosas, los amantes, también con los juegos, con la posibilidad de hacer cosas innovadoras. Con un Sol en la casa V, te expandirás, serás generoso, estarás lleno de confianza, seguro, te sentirás capaz. Esta casa alude asimismo a la valoración y al éxito, a que seas reconocido por lo que haces y también apunta a la voluntad, la alegría y la generosidad. Con un tránsito planetario, sobre todo del Sol en V, no te quepa duda de que harás mucho, te enfrentarás a nuevos retos, tendrás el deseo de conocer a gente nueva, de estar con alguien, encararás algún asunto que te haga lucirte y valorarte. Te mostrarás lleno de vitalidad, así que aprovecha para emprender nuevos desafíos o encarar alguna meta que pensabas realizar más adelante, éste es el momento de hacerlo. Aquí el Sol se muestra mucho y brilla, a veces demasiado, así que has de cuidarte de ser egocéntrico en exceso y de tener poco registro del otro, excepto por lo que se refiere al deseo de ser contemplado y seguido por él, algo que también se vincula con este Sol en V, a quien le interesa ser observado y aplaudido, venerado, valorado. Pero debe acordarse de que hay un otro. Éste es el único aspecto negativo, el de caer en el narcisismo. Por lo demás, será un año muy activo y alegre.

Sol de revolución en la casa VI

El Sol en la casa VI encarna particularmente el trabajo, el cumplimiento de objetivos propios, la labor habitual, lo cotidiano, el esforzarse en pos del progreso personal y de sentirse bien, y el trabajo cotidiano nos ayuda a sentirnos bien. Para ti, será un año para trabajar, no para estar ocioso, para asumir una tarea con dedicación, detalle y mucha organización. Por otro lado, ésta es también la casa que corresponde al área de la salud, así que, con un Sol en VI, siempre que cuides tu salud y estés atento a ella, estarás bien y tendrás un plus de protección frente a enfermedades. Darás asimismo importancia a sostener mejores hábitos de vida, alimentarios o te dedicarás a realizar alguna actividad física y te mostrarás activo. Con el Sol en la casa VI, será un año excelente para dedicarte estos temas: cuidarte, hacer cambios de en tus hábitos y obtener logros por tu trabajo. No serán necesariamente logros económicos, sino de eficacia en tu servicio. Trabajar y esforzarte te hará sentir satisfecho y feliz.

Sol de revolución en la casa VII

La VII es la casa del matrimonio y del otro en general, por lo que, cuando tienes el Sol en VII, buscarás estar con alguien o juntarte con gente, o quizá enamorarte, tener una pareja, poder estar con quien te complemente y te equilibre. Éste es un Sol muy particular, porque uno brilla a partir del otro, como si te complementara. Un Sol en VII hace que necesites tener a otro para hacer de él un espejo de ti mismo que te permita verte. Al mismo tiempo, es una posición ideal para la otra persona, porque se sentirá bien, cómoda, reconocida, halagada y complementada. De este modo, será además un buen momento para hacer acuerdos, fundar sociedades o emprender algún proyecto constructivo con quien elijas. Es común que las sociedades nacidas con un Sol en VII prosperen, así como los matrimonios, o proyectos de a dos, ya que ambas partes lograrán brillar. Asimismo, si estás en pareja y tienes el deseo de formalizar esa unión, éste es el momento adecuado para acordar y decidir vivir juntos.

Sol de revolución en la casa VIII

Ésta es la casa vinculada con el sexo, el deseo, los sentimientos ocultos y todo un mundo de intimidad con respecto al otro que es importante descubrir. Se refiere además a lo que heredas de tu familia o de tu historia, a lo que traes de tu infancia, a aquello que posees dentro de ti, a los miedos incorporados inconscientemente desde

104

niño. También a aquello que te gusta o disgusta profundamente, donde se funde a un tiempo el deseo y los celos. Asimismo, alude a tus anhelos profundos por ser mejor, así como a tu necesidad de poder. La casa VIII es el área de los sentimientos más profundos y ocultos, los más oscuros. Con el Sol en esta casa, es muy probable que te sientas de este modo, más profundo, cerca de tus sombras, lleno de deseo, de miedos, buscarás tocar fondo, serás más celoso, estarás dominado por el deseo de ejercer poder. El Sol en VIII tiene mucha energía para dominar o liderar desde esas sombras y atravesarás un proceso interno para lograrlo. Muy probablemente, experimentes una energía sexual potente, aunque no se note a simple vista. Te sentirás así al verte en la mirada de otro. Por otra parte, te sentirás interesado por las ciencias ocultas, lo esotérico, o por temas ocultos en general, asuntos que querrás descubrir vinculados a temas diversos que se identifican con la muerte, las pérdidas, todo aquello que se halla escondido. Será un buen momento para realizar una transformación profunda de ti mismo y para atreverte a descartar de tu vida asuntos que quisiste terminar hace tiempo y no pudiste hacerlo. Ese Sol en la casa VIII los destruirá con su luz. Hará que logres saber qué quieres y qué no quieres de verdad, a fin de destruir para siempre aquello que no deseas más en tu vida.

Sol de revolución en la casa IX

El Sol en la casa IX sugiere una existencia al servicio de los ideales, el ir tras nuestro verdadero sentido de la vida, de qué es lo que queremos y qué deseamos hacer ahora. Es el lugar en que te pones a pensar en qué te gustaría, en tus sueños, y te dices a ti mismo «anhelo esto o aquello, lo voy a lograr y me propongo hacerlo». En principio, es una posición muy idealista, que te aportará una cuota extra de ilusión y alegría, lo que promoverá un deseo de ir a por más. Querrás vivir algo único, nuevo, mejor. La casa IX también alude a los viajes y a los estudios; así que es muy probable que desees viajar o irte lejos, hacia algún sitio que te aporte nuevos objetivos y horizontes. Te hará preguntarte qué quieres y qué te interesa, y sentirás la necesidad de estudiar, de atreverte a hacerlo, y se tratará de un tema distinto a los que te interesan habitualmente. La IX es una casa expansiva que aporta una apertura mental carente de límites y fronteras. Así que cuando tienes el Sol en IX pensarás en términos de una vocación; es muy probable que ahora la descubras si no la tienes o que la profundices si ya la posees. Será asimismo un buen momento para ampliar cualquier aspecto de tu vida: conocimientos, tu hogar, tu trabajo o tu familia. Eso sí, hay algo debes tener en cuenta: este Sol cumplirá tus deseos, siempre y cuando se correspondan con lo que tú realmente quieres, con aquello que deseabas hacer y no te atrevías. Ahora lo lograrás.

Sol de revolución en la casa X

La X es la casa que se relaciona con la profesión, el oficio, la vocación, el trabajo, las metas y la salida al mundo. Cuando tienes el Sol en X, los objetivos, la profesión, la carrera adquirirán un lugar protagónico. Lucharás por desarrollarte en este ámbito para obtener reconocimiento público, lograr éxito, conseguir que el resultado final de lo que te traes entre manos sea el que esperabas. No hay muchas probabilidades de que con un Sol en X estos logros no sucedan, porque harás lo necesario para conseguir tus objetivos y tienes todo a tu favor para lograrlo. Actuarás con seriedad, con responsabilidad, poniendo toda tu voluntad en ello; no te olvides de que el Sol simboliza tu voluntad, así que tú pondrás a tu Sol en tus metas, independientemente de cuáles sean. Por lo tanto, no cabe duda: con un Sol en X, pondrás toda tu voluntad en lograr el éxito. Se trata de una posición del Sol que procura hechos y logros concretos, y esta casa también lo es; es concreta y determinada. El Sol en la casa X te volverá incansable e imparable, así que muy probablemente la fuerza del Sol aquí haga que llegues a conseguir lo que buscas, lo que no quiere decir que no sea con esfuerzo, pero sí tendrás todo de tu lado para obtener un resultado promisorio.

Sol de revolución en la casa XI

La casa XI corresponde al área de la vida vinculada con los grupos, los amigos y las personas con afinidades comunes. Tu Sol en XI hará que destaques por tus ideas y que puedas compartirlas con otros. Resultará ideal para que formes parte de algún grupo de ideas afines a las tuyas o alguna asociación. Es ideal para facilitar el pensamiento grupal, para ponerse una meta y llegar a acuerdos. También resulta muy positivo para iniciar una sociedad, una fundación, formar parte de un grupo artístico, o de carácter ideológico o político. Generalmente, quienes tienen el Sol en XI serán los líderes de este tipo de propuestas. Al Sol en esta ubicación le gusta mucho estar en grupo, disfruta de trabajar en equipo y le atrae formar parte de algo más grande que él mismo, aquí se siente muy a gusto y hace a la persona muy creativa. Gozarás asimismo de mucha libertad, apertura mental, vitalidad, ganas, todo ello hará que te conviertas en un buen líder de grupo sin necesariamente saberlo o sin tratar de serlo. Es ideal para muchos aspectos de la vida, dado que necesariamente necesitamos a otros en muchas situaciones y de alguna manera todos pertenecemos a algún grupo. El Sol en XI es el lugar más fácil y más cómodo de pertenencia entre personas. Te sentirás querido, percibirás que te prestan atención y te sentirás considerado por otros de un modo simple y fluido. Es un excelente momento para que disfrutes de ello.

Sol de revolución en la casa XII

La casa XII corresponde al ámbito del inconsciente, al fundirse con el todo, a un deseo de tipo espiritual o religioso que presupone comprender, perdonar y sacrificarse por otros. De este modo, éste es un Sol que en general tiende a esconderse. Se trata de una ubicación donde la persona no sale a la luz como en otras, sino que más bien trabaja desde su sombra. El Sol en XII hace que la persona no se ocupe tanto de sí misma como de los demás, ya sea poniendo su vida al servicio de asuntos relacionados con el bien común o más trascendentes. No es muy visible, no sale hacia afuera, sino que potencia tu interioridad. Te sentirás con una sensibilidad a flor de piel, tendrás mayor intuición, serás más permeable a los pedidos de los demás, incluso puedes tener la sensación premonitoria de que algo sucederá o poseer una especie de sentido metafísico que hará que te sientas un tanto extraño o especial, y quizá experimentes fenómenos que podríamos catalogar de extrasensoriales o paranormales. Tu mundo onírico también se verá muy potenciado, soñarás mucho, no sobre temas relacionados con asuntos concretos, sino más bien referidos a tus estados de ánimo, sensaciones o a sentimientos profundos vinculados con tu alma. Podrías no sentirte bien o algo extraño, o no reconocer ciertos aspectos de ti mismo, o percibir otras cosas que no son sencillas de poner en palabras, pero que existen y están presentes.

CAPÍTULO V

¿Cómo te influirá el signo lunar de tu revolución solar?

En este capítulo, te enseñamos a saber:

- ¿Cómo definirá el signo de la Luna tu estado de ánimo, debilidades y fortalezas?
- Los mensajes de la Luna de revolución por signos.

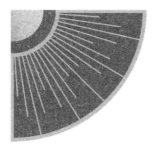

¿Cómo definirá el signo de la Luna tu estado de ánimo, debilidades y fortalezas?

La Luna es uno de los planetas más importantes en astrología, sobre todo, para conocer cómo nos sentimos, qué nos pasa, qué es lo que nos está afectando, cuál es nuestro estado de ánimo, qué sensaciones tenemos, cómo nos relacionamos en el ámbito afectivo con los demás. La Luna se identifica con el mundo de la infancia, algo que investigan los astrólogos en los niños a partir de sus comportamientos lunares; cuando vamos siendo adultos, por el contrario, éstos se concentran en los aspectos solares, porque predomina la voluntad, la esencia del Sol que hace que sepamos qué es lo que queremos. La Luna es el opuesto complementario del Sol, simboliza nuestros aspectos instintivos, la intuición, la fantasía, el mundo inconsciente, los sueños, la infancia. A la vez, la Luna representa a la madre –la madre que tuvimos y la madre que seremos– y, también, el cuidado, la ternura, la capacidad de dar cariño y amor, al tiempo que la disposición para contener y ser contenido, para querer y ser queridos.

La Luna domina el mundo de las emociones y, como sabemos, pasa por diferentes fases, es decir, tiene varias «caras» que mostrarnos y, de acuerdo a ello, cambia nuestro ánimo, al que tiene el poder de afectar y convertir en muy fluctuante e inestable. La Luna se identifica mucho con ciertas sensaciones mágicas, casi inexplicables, nos otorga un aire de ensueño, nos baña con su toque femenino lleno de dulzura y ternura, como no lo aporta ningún otro elemento astrológico. Domina, como sabemos, elementos de la naturaleza, entre ellos a nosotros, claro está; pero además, a las mareas, el mundo femenino interior en tanto que regula el período de la menstruación femenina, al que afecta asimismo en su dinamismo hormonal y en el sistema reproductor, y dado que se vincula con el agua, rige también el mundo de los fluidos corporales y el abdomen. Asimismo, tiene relación, como ya señalamos, con la madre. La representación de la Luna es la madre que tuvimos y tenemos, así como la madre que podemos ser. Como vemos, la Luna genera una enorme traslación de lo femenino de nuestra madre hacia nosotros, porque es ella quien nos enseña a amar amándonos. Esa madre es la madre que nos cuida, que nos da cariño; pero también puede ser una figura antimaternal: la madre ausente, o estricta, la madre agresiva o permisiva, la madre desapegada. Aclarado este punto, el aspecto lunar relacionado en astrología con la madre se refiere específicamente a esa madre buena, cariñosa, contenedora, nutridora, que nos ponía una mantita y nos daba las buenas noches, porque así es la Luna en un signo y en una casa astrológica cuando se encuentra «cómoda». Por lo tanto, la Luna representa el mundo emocional y nos habla de cómo sentimos, es la que necesita del otro, la que requiere que la cuiden, la ayuden, le den un beso, que la acompañen. Constituye el exponente astrológico que más se identifica con la figura materna. De acuerdo al signo en que se encuentre, esa energía maternal se verá facilitada o dificultada, así que hay Lunas mucho más cómodas que otras. A continuación, definiremos el efecto de la Luna en los 12 signos desde el punto de vista de la revolución solar que, como señalamos, nos dirá cómo nos sentiremos durante el año que abarca la revolución y, en el capítulo siguiente, veremos su posición por casas, que nos dirá cómo nos sentiremos y cómo estaremos dispuestos este

112

año en áreas concretas de la vida. Hemos de aclarar que no tiene la misma relevancia una Luna natal, que corresponde a la Luna con la que nacimos y vivimos, que la Luna que atravesamos por revolución solar, que es una Luna que cambia año tras año. Esta comparación entre ambas Lunas constituye un elemento importante para analizar, porque es común que sean diferentes y eso es lo que provoca que uno se sienta tan distinto. Así, por ejemplo, una persona que tiene una Luna natal «incómoda», como es una Luna en Capricornio, y le toca por revolución una Luna en Piscis, es muy probable que ese año esa persona esté muchísimo más sensible de lo habitual, y es normal que se sienta incómoda, llena de sentimientos y sensaciones que no conoce, porque está acostumbrada a una Luna más dura y más fría que le impone otro tipo de emociones. Así que resulta fundamental analizar este aspecto, porque es este movimiento del signo lunar año tras año el que genera la movilización de factores internos que pueden modificar aspectos profundos de nosotros mismos. Si la astrología fuera estática y sólo tuviéramos posiciones fijas de los planetas, no tendríamos la oportunidad de cambiar, careceríamos de herramientas para desarrollarnos y crecer. Es sobre este aspecto concreto sobre el que la revolución solar nos informa. Es el movimiento celeste el que hace que se activen factores dentro de nosotros, así como intereses y gustos diferentes que producen que, en muchas ocasiones, ni siquiera los podamos reconocer, pero que a la vez sentimos que nos están sucediendo. A continuación, la Luna de revolución signo por signo. En principio, recordemos que estamos hablando del factor más emocional del Zodíaco, la Luna, entonces es muy probable que en los signos más emocionales, se sienta más cómoda, como es el caso, por ejemplo, de la Luna en el elemento agua, que gobierna a Cáncer, Escorpio y Piscis, un elemento emocional por naturaleza. Esta Luna siempre se sentirá más a gusto en una Luna de agua que en una de aire, que es un elemento más intelectual, o en una Luna de fuego, que es más corporal, o que en una Luna de tierra, donde también se sentirá cómoda y más equilibrada, ya que la tierra tiende a ser profunda y comprometida.

Los mensajes de la Luna de revolución por signos

Luna de revolución en ARIES

Aries es un signo de fuego, muy impulsivo. Cuando tienes la Luna en Aries, sentirás precisamente eso, impulsos, que serán muy intermitentes. Puede sentirse muy bien o muy mal y la particularidad de esta Luna es que no sostiene sus emociones en el tiempo. Es decir, es muy intempestiva, cambiante, puede sucederle algo y a los cinco minutos pasarle otra cosa distinta. Algo que tienes que tener muy en cuenta, porque en ocasiones experimentarás emociones profundas e intensas, y con una Luna en Aries, en breves momentos éstas podrían cambiar radicalmente, o sentir lo contrario. Lo señalado hace que la Luna en Aries te vuelva muy imprevisible, pasional, impulsivo y, también, muy ansioso, por lo que debes cuidarte de desarrollar cuadros de nerviosismo significativos. Es una Luna muy impaciente, pero muy creativa, por lo que puede estar todo el tiempo generando ideas y acciones. Asimismo, está dominada por su pasión, por lo que las emociones que notes, buenas o malas, tenderás a traducirlas de un modo muy vital pero, al mismo tiempo, muy explosivo. La Luna en Aries no puede sino sentir de modo intenso. Te sentirás recargado de energía y ganas abundantes; te estarás moviendo de un lado a otro haciendo cosas y, como es muy creativa, te inclinarás por todo lo nuevo y diferente. Recordemos que estamos hablando desde el punto de vista afectivo y emocional. Hay un aspecto concreto de esta Luna que debes tener muy en cuenta para tratar de controlarlo: la Luna en Aries tiende a ser muy agresiva, no es nada pacífica ni pasiva, siempre reacciona y carece del don de la empatía, o sea, tiende a sentir que todo es a vida o muerte, por lo que, si pierde los estribos, puede hacer que te comportes de modo violento. Por lo tanto, debes estar precavido, te verás influido por estas emociones, tenderás a apresurarte, a no tomar en cuenta al otro, o existe la posibilidad de que lo lastimes o de que no se sienta bien contigo y se aleje. Lo más positivo que puede aportarte esta Luna es su pasión y creatividad. Tiende a ser muy individualista y a no considerar el bienestar del prójimo, así que resguárdate de hacerlo sentir mal porque puedes quedarte solo.

Luna de revolución en TAURO

La Luna en este signo se encuentra cómoda y recupera su belleza. Si tienes la Luna en Tauro, sabrás querer, estarás seguro de lo que buscas y si te complacen tus elecciones, te agradará cuidar al otro. A diferencia de Aries, ésta es una Luna sumamente estable. Sentirás que quieres y tus emociones permanecerán en el tiempo, sabrás proteger a quien hayas elegido y estarás a gusto. Buscarás a la persona que quieres de una forma leal y fiel, tenderás a ser muy afectivo y cariñoso. Se trata una posición muy cómoda en todas sus manifestaciones, ya que las características lunares se manifiestan en este signo con sensibilidad pero en armonía. El signo de Tauro lo facilita, porque es muy estable, no le gustan los cambios, y eso da solidez a estas emociones lunares. Como aspectos negativos, debes recordar que pensarás demasiado en ti mismo, es decir, esta Luna persigue ante todo su propio bienestar, lo que por una parte es positivo, pero podría ser un defecto por otro lado. Te hará querer bien a alguien y cuidarlo porque te dará bienestar. Eso hace que, según lo que le guste, también puede ser una Luna un tanto primaria si exagera en sus placeres preferidos, como beber, comer, dormir, ganar dinero o dedicarse a la satisfacción sexual. Así que debes prevenirte del hedonismo natural de la Luna Tauro. Puedes dejarte llevar por los excesos, sólo pensar en tu autocomplacencia, tender al egoísmo y concentrarte únicamente en tu propia satisfacción. Por lo demás, es una excelente posición lunar.

Luna de revolución en GÉMINIS

Se trata de una Luna acomodaticia, inestable, inquieta, divertida. Quienes tienen la Luna en Géminis son muy curiosos y les gusta ir picoteando como un pájaro libre de flor en flor. Les atrae mucho el cambio y el dinamismo, siempre y cuando obtengan algún tipo de beneficio, ya se trate de intercambiar información o contactar con otros para aprender algo nuevo. Es una Luna fisgona, porque el signo de Géminis busca el conocimiento. Así que, con una Luna en Géminis, no te sentirás muy emocional ni te dejarás llevar por tus sentimientos, sino que, más bien, te mostrarás sensible al mundo y a las personas, pero será tu razón la que domine a tu corazón. Es posible que disfrutes de encuentros intensos con el otro, pero serán pasajeros, ya que sólo te interesará la novedad. Es una Luna más vinculada con la acumulación de experiencias y el pasarlo bien que con asentar emociones y quedarse junto a alguien para amarlo. Notarás que te resultará más fácil poner en palabras tus sentimientos y necesitarás expresar qué te sucede. Géminis necesita entender y explicar. Quizá no halles respuestas, pero sí querrás comunicarle al otro lo que sientes, algo positivo, ya que el mundo lunar es misterioso y no resulta sencillo saber qué sentimos ni cómo expresarlo, y esta Luna en Géminis te dará las palabras adecuadas para ser comprendido. Te gustará estar con otras personas, ellas te aportarán seguridad y estabilidad, algo que Géminis necesita para controlar su ansiedad. Aprovecha la creatividad de la Luna en Géminis, tendrás deseos de realizar muchas actividades, de divertirte, comunicarte, salir. Te sentirás un poco como un niño en busca de diversión, porque Géminis tiene un espíritu infantil, de ahí su constante curiosidad e inocencia. Te sentirás más adaptable a los cambios y éste es uno de los aspectos más positivos, porque te aportará flexibilidad, apertura, creatividad, sociabilidad. No obstante, en términos emocionales, no es una Luna cómoda, dado que tiende más a pensar que a sentir, y eso no es lo que la naturaleza de la Luna requiere.

Luna de revolución en CÁNCER

La Luna en Cáncer está en su «domicilio», en su lugar, dado que es el regente del signo, mientras que Capricornio, su opuesto, representa su «exilio», términos astrológicos que expresan lo cómoda o incómoda que se halla la Luna. Cuando la Luna se encuentra en Cáncer, está en su casa, en el signo que le corresponde. Se trata de una Luna afectiva, sensible, permeable, mutable, cambiante, muy dispuesta a amar y a ser amada. Las emociones, por lo tanto, estarán exaltadas, dado que la Luna simboliza el mundo de los sentimientos y Cáncer lo representa, por lo que sus sensaciones y su estado de ánimo suelen ser muy fluctuantes. Hoy sentirás una cosa, mañana otra, o percibirás esos cambios a lo largo de un mismo día. Por lo tanto, has de controlar este factor mutable provocado por tanta sensibilidad lunar. Será importante saber qué quieres, ya que tus determinaciones se verán afectadas por tus emociones y puedes decidir sólo basándote en ellas. Se trata de una buena Luna, sobre todo para las mujeres, ya que los hombres con Luna en Cáncer suelen sentir una especie de anhelo del vínculo primario con su madre y, debido a esta necesidad de contacto, volverse de algún modo niños pequeños disfrutando de ese mundo cerrado y placentero. Por eso, muchos hombres adultos de Cáncer tiendan a comparar sus relaciones actuales con la que mantuvieron con sus madres. En cualquier caso, la Luna en Cáncer regala mayor capacidad de cuidado y protección del otro, porque es una Luna que sabe querer, soñar, ser afectivo, llena de sensibilidad. Esta Luna mejorará tu memoria, algo propio de Cáncer, también te aportará gran fantasía e imaginación, creatividad, y un gran deseo de amar y cuidar a otros. Serás un buen padre o madre. Cuídate del exceso de susceptibilidad que puede causarte debido a su sensibilidad, eso puede volverte más desconfiado de lo habitual.

Luna de revolución en LEO

La Luna en Leo impone la necesidad de ser protagonista, necesita ser reconocida, deseada, que le presten atención, que le den un papel principal en la vida del otro, ya que la tendencia del signo de Leo es notablemente narcisista. Por esta razón, con tu Luna en Leo, este año será importante que domines tus emociones cuando sientas que no te prestan tanta atención, que no te dan el tiempo y la posición que desearías. No es algo grave, pero sentirás una tendencia manifiesta a querer ser el protagonista en la vida del otro, ya se trate de tu pareja, familia o en tu trabajo. Por otro lado, así como Leo exige esta especie de reinado, su Luna tiene la hermosa capacidad de darte gran vitalidad, energía, alegría y muchas ganas de vivir; es además una Luna muy generosa, a la que le gusta dar lo que tiene. Te gustará enaltecer a la persona que esté a tu lado, mimarla y ofrecerle toda clase de lujos, por lo que te agradará ser generoso con tus hijos, tu pareja o tus seres queridos. Es probable que con estas actitudes también desees formar un séquito de admiradores, la Luna en Leo te ayudará a satisfacerlos. Gozarás de gran energía y del deseo profundo de ser feliz y de sentirte bien. Cuidado con los lujos propios de Leo, no suele mirar gastos ni precios, y podrías hallar tus arcas vacías en poco tiempo. Te mostrarás asimismo más ambicioso y querrás alcanzar objetivos difíciles, a veces sin reparar en costos, sin embargo, contarás con una enorme voluntad y perseverancia, y estarás convencido de que conseguirás lo que buscas. Con confianza, optimismo, intensidad y pasión, te gustará mucho estar en pareja y amar, algo que Leo busca para reafirmarse emocionalmente, así que no querrás estar solo, necesitarás este apoyo y reconocimiento, siempre que el otro refuerce tu deseo. Tendrás mayor confianza y seguridad, más voluntad y la fuerza para hacer muchas actividades. Será muy positiva para ti en lo que quieras emprender, pero ten cuidado de creerte omnipotente y que lo puedes todo, algo que también te contagiará esta Luna en Leo.

Luna de revolución en VIRGO

La Luna en Virgo, sobre todo en los tránsitos, en este caso, en una revolución solar, habla de una persona que tenderá a hacer las cosas bien, a hacer lo correcto, que tratará de ser lo más metódica, ordenada y detallista posible, con cierta tendencia a la perfección, algo obviamente inalcanzable, por lo que es una Luna que genera cierta insatisfacción a un nivel emocional profundo, como si sintiéramos que lo que hacemos nunca está del todo bien. La Luna en Virgo te volverá por tanto más detallista y perfeccionista y, en este sentido, quizá te vuelvas un tanto obsesivo en tus tareas o trabajo, ya que el objetivo de esta Luna es que lo que hagas resulte perfecto o que estén contempladas todas las posibilidades de error y acierto al actuar. Te volverás más ordenado, limpio, minucioso, querrás todo bajo tu control, que es la forma en la que esta Luna en Virgo trata de disminuir su ansiedad, algo que hará al mismo tiempo que te muestres muy exigente y querrás que las cosas se hagan según tu propio método y parecer. La Luna en Virgo también te volverá severo a la hora de seleccionar; generalmente, a las personas con esta Luna no les gusta una gran cantidad de cosas, no quieren demasiado a su alrededor, no lo necesitan, ya que son muy austeras y, si desean algo, lo elegirán de forma muy meticulosa. Se trata de la Luna más selectiva del Zodíaco, así que querrás elegir el objetivo correcto, el modo correcto y a la persona indicada. Virgo es muy riguroso y crítico y también suele ser desconfiado, así que, si buscas a alguien para compartir la vida, asociarte, trabajar o para cualquier otro objetivo, sólo te quedarás con lo mejor. Tenderás a descartar aquello que no te sirva, ya que ésta es una Luna utilitaria, es decir, busca lo útil, necesita saber a conciencia para qué hace lo que hace, cuál es el objetivo y cuál el mejor método para lograrlo. Por lo tanto, las emociones están aquí aplacadas, te volverás muy cauto, tenderás a preservarte en todo sentido y mostrarás gran austeridad en todos los planos. En el terreno emocional, sólo te quedarás con quien te haga sentir seguro, tranquilo y estable, y como dijimos, serás muy exigente, y tratarás de elegir a la persona más indicada según el fin que persigas. Pero Virgo es también un cuidador, así que serás muy detallista con quien ames, intentarás que tu amor o que tu familia estén lo mejor posible en todo sentido y de modo concreto. Asimismo, gozarás de enorme sentido práctico y determinación para resolver cualquier problema. Virgo también es un signo de servicio, así que colaborarás para el bienestar general basado en el orden y la metodología precisos para que todo siga el curso correcto. Más allá de estos aspectos, esta Luna te dará gran capacidad de cuidar a otros, te mostrarás cálido y tierno, y puedes convertirte, si aprovechas este influjo, en una persona muy dulce. No hay que olvidar que Virgo es el opuesto de Piscis, y si consideramos al opuesto como un valor natural y complementario que todo signo posee, cuando Virgo se polariza en Piscis, se transforma en un signo sumamente afectivo y sensible.

Luna de revolución en LIBRA

La Luna en Libra inaugura un nuevo espacio, el del otro; por esta razón, la persona con Luna en Libra necesita del otro para sentirse bien, para percibirse querida, admirada, deseada. La mirada del otro es el elemento esencial que le permite lograr satisfacción, necesita que lo miren, que lo elijan, que se quieran quedar con él o ella. Y, en muchas ocasiones, para conseguirlo, Libra puede llegar a ceder o a dar mucho; esto los hace estar más pendientes de la mirada del otro que de lo que les sucede a ellos mismos. Los Libra son amantes de las cosas bellas, de la belleza de las personas y de las actividades que los movilizan, así que ésta es una Luna muy artística y creativa, con gran sentido estético, algo que deberás aprovechar. Todo estará en su lugar y será hermoso. La Luna en Libra hará todo lo posible para embellecer su estancia allí donde se encuentre, con las personas que elija y con las actividades que le gustan. Se quedará con todo aquello que lo haga sentir bien, en un lugar cómodo, agradable, bello, estético. La Luna en Libra te volverá muy pendiente del otro, te sentirás más atraído por la belleza, el arte, te sentirás muy creativo; cuidarás tu imagen y aspecto, y estarás mucho más seductor, ya que la Luna en Libra es dulce y encantadora. Es una Luna y un signo enamorados del amor y es amorosa; aunque no quede del todo claro si lo que busca es realmente amar a alguien, o más bien, ser admirado y querido por otro.

Por otra parte, Libra es un signo cardinal, que tiende a la acción, por lo que te volverá mucho más activo y con impulso; querrás iniciar una relación con tu pareja, o con amigos o conocidos de modo constante, suelen comenzar relaciones todo el tiempo, conociendo gente, hablando, poniéndose de acuerdo, realizando alguna actividad grupal. Sé precavido en tus vínculos, porque el problema que tiene Libra es que no puede seleccionar. Así que, cuidado con los efluvios tan seductores de esta Luna, porque a Libra no le gustan los enfrentamientos, no le gusta decir que no ni tomar decisiones contundentes, sólo desea sentirse querido y atendido, eso lo vuelve un signo dependiente, constantemente observante de la mirada del otro. A la vez, por otra parte, es un signo totalmente conciliador y empático, relativiza todo de alguna manera, quiere a todo el mundo, es tranquilo, tiende a ser pacifista, suave, muy amoroso, dulce, excelente amigo y le encanta ver su casa llena de gente y pasarlo bien. Aprovecha estos dones para hacer amigos o buscar a quienes se hallan alejado, sácale partido al enorme talento que tiene la Luna en Libra para adaptarse a cualquier ámbito, ya se trate del afectivo, artístico, laboral o comercial. Son muy buenos amigos de sus amigos, así como buenos compañeros. Te sentirás imbuido de su gran sensibilidad y sabrás relacionarte con la gente. Se trata de una Luna excelente para realizar y potenciar actividades artísticas, y capaz de organizar cualquier clase de evento grupal. Llénate de su belleza y seducción.

Luna de revolución en ESCORPIO

La Luna en Escorpio es una Luna muy intensa. Se trata de personas que sienten mucho, que experimentan todo de forma potente, tanto lo bueno como lo malo. Se dice que, en el signo de Escorpio, así como la persona puede apasionarse mucho por algo o alguien, también puede sufrir de modo excesivo; es decir, es un signo que carece de la medida de Libra. Escorpio simboliza lo contrario. Es muy extremo, siente de forma muy poderosa, por lo que tiende a establecer un gran compromiso con el otro; se involucra mucho, ofrece mucho, pone todo de sí mismo, es muy entregado emocionalmente y, por esas mismas razones, exige lo mismo a cambio. Existe una fuerza emocional en la Luna en Escorpio que tiende a atrapar. Necesita tener todo bajo control, saber todo de la persona a la que ama y conocer sus aspectos más oscuros. Ésa es su esencia, su naturaleza, por lo que a su vez requiere que las personas con las que se relaciona le permitan ejercer ese control, porque, de otro modo, no puede confiar en él o en ella. Un elemento se agrega a lo dicho, Escorpio tiende a la manipulación del otro o, dicho de otro modo, siempre procura salirse con la suya. Intentará por todos los medios conocer por completo a su pareja y, si no lo logra, se tornará muy celoso y posesivo. La razón de esta necesidad de control obedece a que, al sentir que todo está bajo su dominio, puede liberarse y entregarse a quien ama. Muy profundo, intenso, comprometido, convive con sus fuerzas internas oscuras, a las cuales acepta y reconoce. Es una Luna que simboliza lo oculto en nosotros, todas aquellas características que nos dan miedo. Con respecto a las madres con Luna en Escorpio, suelen ser muy controladoras, casi asfixiantes, tienden a ser protectoras y devoradoras a la vez, y quienes tienen Luna en Escorpio suelen relacionarse de este modo con sus afectos. Así como te lo dan todo, también te quitan la libertad para que tú decidas. Sin embargo, los escorpianos son a un tiempo muy buenos cuidadores, comprometidos, intensos, pero muy responsables con sus afectos. Recuerda que estás influido por estas potentes energías, que te darán quizá una mayor desconfianza, pero mucha fuerza en todos los planos, ya que Escorpio es un signo hábil y luchador, por lo que te ayudará a enfrentar cualquier desafío que se presente.

Luna de revolución en SAGITARIO

La Luna en un signo de fuego, como es Sagitario, nos anuncia gran vitalidad y mucha energía para realizar cualquier emprendimiento y sentir que tenemos muchos deseos de realizar. Donde está la Luna, están los sentimientos, y allí donde se encuentra Sagitario, surgen grandes ideales y valores éticos conectados con su sensibilidad social y comunitaria, así como con su enorme deseo de realización personal y una firme vocación, que generalmente tiene un contenido espiritual, que Sagitario trata de alcanzar desde una perspectiva casi heroica. No le interesan los límites ni se amilanan porque un asunto sea difícil de lograr, ellos lo desean, tratarán de conseguirlo y de realizar sus sueños. Con la Luna en Sagitario, te mostrarás más independiente y necesitarás tu propio espacio, estar en la naturaleza, al aire libre, y también expandirte e ir por más en todo sentido. Asimismo, tenderás a superar tus propias limitaciones y avanzar. Andarás probablemente de un lado al otro, no tendrás miedo, ya que Sagitario es un signo muy aventurero; eso te hará sentir lleno de pasión y vitalidad, seguro, confiado y te estimularás constantemente a ti mismo para emprender asuntos trascendentes. Sagitario es un signo valiente y osado, así que has de medir las consecuencias de tus actos, algo que este signo apasionado e impulsivo no tiene muy en cuenta. Analiza bien qué objetivos te trazas con una Luna en Sagitario, porque es común que sean muy ambiciosos e idealistas, y es probable que no tomes en cuenta los condicionamientos que la realidad te impone. Sagitario no puede verlo, así que tú debes estar prevenido. El signo de Sagitario es un gran protector social que lucha por la justicia y trata de ofrecer las mismas oportunidades a todos. La Luna en Sagitario te hará sentir hermano de tu prójimo, unido a una comunidad y bregar para que todos cuenten con opciones similares, pero has de tener en cuenta que en muchas ocasiones eso no es posible. Se manifestará un sentimiento de un enorme idealismo, de unión y fraternidad, y lucharás de forma potente por hacer justicia, pero ten en cuenta con qué elementos cuentas y qué riesgos corres. Sagitario no busca ser el héroe por pretender que lo admiren, sino por lograr una empatía social junto a un grupo que luche por sus mismos ideales. Es una Luna soñadora y fantasiosa, algo que te aportará dulzura, pero cuídate de caer en el fanatismo, un defecto con el que Sagitario suele tropezar. Una cosa es ser idealista y luchar por lo que uno cree, y Sagitario nos habla de creencias profundas, pero otra distinta es volverte rígido con tus ideales o creencias y perder el sentido de la realidad. Estate prevenido de mostrarte intolerante con quien no piensa lo mismo que tú o es diferente. Se trata de una excelente Luna para iniciar emprendimientos, proyectos, para abrir mente y cuerpo a nuevas experiencias, para hacer cambios y viajar. También, será un buen año para dedicarte a un estudio que te aporte expansión en algún sentido, alguna carrera terciaria, realizar algún viaje al exterior, un viaje largo o de aventura a lugares remotos. Asimismo, es una buena Luna para dedicarte a enseñar, algo propio de Sagitario, o para incursionar en temas trascendentes de tipo espiritual o religioso en un sentido amplio. Apuesta a los valores éticos y ve tras el sentido de tu vida, porque la Luna en Sagitario te pondrá en un espacio trascendente que te llevará más allá de ti mismo y tu cotidianeidad, ya que el viaje de Sagitario es una aventura vital que tiene mucho que ver con lo místico y la justicia. Aprovecha su influjo.

Luna de revolución en CAPRICORNIO

La Luna en Capricornio es una Luna «incómoda», que se encuentra en «exilio», ya que el domicilio de la Luna es su signo opuesto, Cáncer; lo que significa que la Luna, a la hora de sentir, que es su función, se encuentra a gusto en Cáncer, está en su casa, se siente capaz de poder querer y ser querida, o de pedir si necesita ayuda, o de encontrar refugio si se siente mal, un resguardo que generalmente halla en los afectos más íntimos y cercanos. La Luna en Capricornio, por el contrario, es una Luna que no tiende a pedir ayuda, que no se entrega a los demás y que se cierra a las emociones. Estas conductas inconscientes la vuelven conservadora y hacen a la persona más reservada, alguien a quien le cuesta comunicar lo que de verdad está sintiendo o reconocerlo. En general, las personas con Luna en Capricornio tienden a ser muy autosuficientes, solitarias, fuertes e intentan preservarse detrás de un caparazón para que nadie pueda lastimarlas. Suelen relacionarse con gente afectiva, ya que temen el rechazo, que las hagan sufrir y el quedarse definitivamente solas. Temor que se acrecienta y las deja mucho más expuestas en caso de haber ofrecido su corazón, de haber mostrado sus emociones a la otra persona y que ésta las abandone. Su soledad obedece a que los demás no logran entender qué les sucede, dada su dificultad para expresar lo que sienten. En muchas ocasiones, la Luna en Capricornio nos habla de la falta de la madre, de su ausencia o de la carencia de cuidados en la niñez, de poca ternura, contención y protección. De ahí que, cuando uno tiene la Luna en Capricornio por revolución solar, a diferencia de la natal, donde podríamos hablar de una persona con esas características, no sucede lo mismo, aunque te verás influenciado por las mismas energías. De esta forma, podrías haber tenido una buena madre y excelentes experiencias durante tu infancia, pero en el año en curso que abarca la revolución, al tener la Luna en Capricornio, cambiarás. La persona no será más fría ni más dura de su ser natal, pero sí se sentirá de una forma distinta. Es muy importante determinar que una Luna en Capricornio es una Luna dura, más bien solitaria, lo que hará que tengas dificultades para relacionarte con la gente y, si te vinculas, lo harás desde un lugar concreto, práctico y con un sentido utilitario. Por ejemplo, en el trabajo, con tus compañeros, o con personas que elegirás para determinadas funciones. Te será difícil, además, entregar tu corazón y creer en lo que la persona que te quiere te diga y, a la vez, notarás que tus sentimientos son notablemente estables. No padecerás grandes conmociones emocionales, más bien, te comportarás de un modo racional, frío, objetivo, tenderás a pensar en el otro como alguien falible, que se puede equivocar, y por eso tampoco pondrás demasiadas expectativas, esperanzas ni fe en nadie. De ahí que se diga que la Luna en Capricornio es una Luna incómoda, porque a la hora de ser permeable y sensible, se cierra. Todo aquello vinculado con algún emprendimiento económico o laboral se verá favorecido para ti, porque te mostrarás muy concreto, práctico y objetivo, sin involucrar tu afecto en ello, así que tus relaciones se limitarán a lo contractual o comercial, o a formar sociedades, donde quedará claro qué hace cada quien. Y todo transcurrirá de un modo respetuoso, porque tú te comportarás así, sin ser invasivo ni meterte en terreno ajeno, como tampoco permitirás que nadie incursione en el tuyo. Otro aspecto positivo de esta Luna es que te aportará estructura, es decir, quizá recibas o des pocos abrazos y cariño, pero fortalecerás todo aquello que se necesita para mantener un proyecto, una familia, un trabajo y sabrás darlo sin problema. Te mostrarás cumplidor, así que si alguien te pide algo, se lo darás si corresponde; serás responsable, correcto, racional, no iniciarás nada sin un análisis previo que te asegure su sostenibilidad. En suma, te mostrarás muy concreto y en pos de objetivos muy específicos. Y, si te lo propones, serás imparable en lo que hagas, pero para ello debes estar seguro, todo ha de parecerte claro y ser específico, entonces lograrás lo que busques. Por lo tanto, se trata de una Luna muy potente, que te dará mucha fuerza interna. Te aportará asimismo independencia, te bastarás a ti mismo, te sentirás decidido, seguro, con gran voluntad, responsable de ti y de los demás. Si eres padre, le darás a tu hijo lo que necesita; si eres docente, facilitarás el aprendizaje de tus alumnos; si acometes una actividad artística, lo harás con medida y de modo práctico, y no tenderás a la fantasía ni al idealismo, sino a concretar objetivos muy concretos.

Luna de revolución en ACUARIO

La Luna en Acuario es una Luna muy extraña y atípica, ya que la energía lunar por naturaleza se identifica con la protección, el cuidado y el grupo de pertenencia originario que es la familia. Ella nos habla del sentirse querido por esas personas o por quienes hayamos elegido para amar y ser amados, con sentirse contenido y, a partir de haber desarrollado uno mismo estos sentimientos desde la infancia, tener claro de qué forma queremos, cómo protegemos y cómo cuidamos a otros. En el caso de la Luna en Acuario, se trata de una estructura emocional muy diferente, porque Acuario tiende a ser un signo ajeno a la esencia de un origen familiar y maternal, y se vincula con una estructura mucho más expansiva, abierta y libre. Se podría decir que una Luna en Acuario se traduce en una persona que quiere a todo el mundo, a todos por igual, y que le gusta vivir en libertad, aunque formando parte de una comunidad de ideas afines a las suyas; pero no con un sentido afectivo, sino ideológico. Por lo tanto, una Luna en Acuario nos habla de alguien que sentirá deseos de estar con gente con ideas afines. Ponerse de acuerdo, tener proyectos comunes, abrirse al mundo, buscar nuevos horizontes, aventurarse, divertirse, desarrollarse, crear, todos aspectos con los que una Luna en Acuario se identifica. Esta Luna por revolución hará que te sientas bien con las personas que te permitan ser como eres, con ser único, distinto, original e innovador. Sentirás la necesidad de diferenciarte, de ser especial, de tener ideas muy personales y futuristas, es decir, de una época que aún no ha llegado. En general, la persona con Luna en Acuario tiende a ser avanzada a su tiempo y en muchas ocasiones es incomprendida por esta razón. Es alguien excéntrico, que suele expresarse de un modo distinto al resto y, si bien siempre lo hará dentro de un contexto social y buscará gente afín, no es fácil descubrir cómo es ni resulta sencillo comprenderlo; por lo que, generalmente, con un tránsito de Luna en Acuario, te sentirás distinto. Manifestarás gran necesidad de cambio, querrás descartar lo viejo de tu vida y hacer que entre lo nuevo, tratarás de ser moderno y avanzado, y valorarás muy especialmente a tus amigos y a los grupos. No será un año para estar en pareja ni enamorarte, ni para casarte o tener hijos, ni para formar una familia, ya que estos proyectos afectivos no corresponden a la energía de una Luna en Acuario. Su naturaleza es más idealista, concentrada en temas intelectuales, en sus ideas, interesada en intercambiar información y comunicarse para realizar cualquier cambio o modificación, pero no en asuntos emocionales. Resultará muy positiva si te dedicas a actividades artísticas o científicas, o a alguna labor muy única y original, así como para destacar por tus ideas innovadoras. La Luna en Acuario hará que te atraigan personas muy diferentes entre sí, de tal modo que no tendrás un grupo de pertenencia claro, sino muchos, diferentes y muy abiertos. Querrás deshacerte de las cadenas que te aten en cualquier sentido, porque Acuario ama la libertad sobre todas las cosas, así como la capacidad de expresarse libremente sin que nadie ose criticarlo. Este tránsito puede hacer que te sientas diferente, algo raro, ya que, con una Luna en Acuario, es como si estuviéramos hablando en un idioma muy diferente al de los sentimientos. No es que Acuario no pueda querer o amar, pero lo hace de un modo muy libre y no aceptará ningún tipo de límite. Por eso suelen ser personas bastante solitarias y excéntricas. Lo mejor de esta Luna es la libertad de criterio y la creatividad que te aporta. Sabrás aceptar las diferencias y rarezas ajenas, pero no aceptarás bajo ningún concepto recorte alguno a tu independencia.

Luna de revolución en PISCIS

Se trata de una posición muy fluida y permeable para la Luna y aporta una sensibilidad especial, que te regalará intuición, fantasía y creatividad. Sentirás mayor capacidad intuitiva, tendrás muchas fantasías y sensibilidad, y tu mundo onírico, el del inconsciente y los sueños, estará muy activado. Te mostrarás muy conectado con tus emociones, dado que Piscis es una posición de gran sensibilidad para la Luna y, del mismo modo, serás sensible a otros, a quienes tenderás a cuidar y proteger, particularmente, a los niños, los animales, las personas mayores y la gente débil en general. Usualmente, las personas con Luna en Piscis tienden a sacrificarse por el otro y a renunciar a sus propios deseos para cumplir con los ajenos. Te sentirás dominado por la afectividad y el sentimentalismo de esta Luna. Cuídate en este aspecto, porque Piscis suele añorar el pasado y volverse melancólico, o sentirse víctima de las circunstancias, sobre todo, cuando se posiciona en la renuncia de sí mismo y en hacer lo que el otro quiere para luego quejarse e, incluso, volverse algo melodramático. Será un año para que aproveches lo mejor de esta Luna que es su sensibilidad y te dediques a realizar alguna actividad artística, sobre todo la plástica, la música o el teatro. Del mismo modo, es un buen momento para profundizar en la búsqueda espiritual, mística o religiosa, y es muy probable que te sientas atraído por el mundo paranormal. En cualquier caso, presta atención a tu intuición y a tus posibles sueños premonitorios, algo común a Piscis. Otro aspecto del que debes prevenirte es de la dependencia afectiva que podría generar esta Luna, porque Piscis no sólo busca querer y ser querido, sino fusionarse con el otro, por lo que tiende a formar parejas simbióticas, que poco bien le hacen. Asimismo, son muy influenciables, por lo que la precaución debe ser mayor, ya que Piscis tiende a asimilarse a la personalidad de quien ama y perder su propia libertad. Le cuesta mucho separarse del otro, ya que para los Piscis el afecto es de algún modo el centro de su vida emocional, por lo que si se sienten queridos, se volverán dependientes, y es muy difícil de que una Luna en Piscis pueda reconocerlo. Dada su sensibilidad, esta Luna puede tener vínculos positivos con gente que la cuide y le dé afecto, pero también puede relacionarse con personas que le hagan mucho daño. Separarse del otro y quedarse con lo mejor será positivo para cultivar la independencia. Otro tema sobre el que has de estar alerta son los excesos y las adicciones, tendencia manifiesta con la Luna en Piscis, así como la reclusión, la introspección y el confinamiento en ti mismo. Cuídate en este aspecto, porque no será un año de gran vitalidad, sino más bien un período teñido por estas cualidades piscianas, lo que disminuirá tu buen estado de ánimo. El exceso de percepciones y de sensibilidad hará que sientas muchas emociones poco claras, confusas, ya que Piscis no aporta claridad, sino emocionalidad exacerbada, así como dudas y sentimientos contradictorios que te confundirán y podrían terminar por deprimirte o generarte gran inestabilidad emocional. Es una buena Luna para canalizar tu sensibilidad, el arte y la solidaridad de la mejor manera, pero debes buscar el equilibrio. Trata de comunicarte con otras personas y de expresar lo que sientes.

CAPÍTULO VI

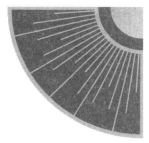

La Luna de revolución por casas astrológicas

En este capítulo, te enseñamos a saber:

- Los mensajes de la Luna de revolución por casas.

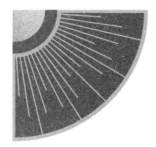

Los mensajes de la Luna de revolución por casas

La ubicación de la Luna de revolución solar en cada una de las 12 casas astrológicas de la rueda zodiacal nos indica en qué áreas de la vida estarán enfocados puntualmente nuestros sentimientos y emociones. La Luna nos dirá, según la casa astrológica en la que se encuentre, qué nos hará sentir bien, qué tipo de actividades y con qué tipo de personas nos hallaremos cómodos, protegidos y resguardados. Y, de la misma manera, nos señalará a quiénes ofreceremos nuestro cariño, protección, ayuda, solidaridad, creatividad, fantasía, sueños y sensibilidad. Allí donde esté posicionada la Luna por revolución, será el espacio de interés en el que ofreceremos nuestro corazón y donde recibiremos lo mismo a cambio sin pedirlo; sencillamente, así sucederá.

Luna de revolución en la casa I

La Luna en la casa I nos indica que hablamos de nosotros mismos. Una persona que tiene la Luna ubicada en la casa I o en el ascendente por revolución solar será durante ese período –que se extiende por un año desde el cumpleaños del presente hasta el próximo– una *persona lunar,* es decir, su personalidad tendrá las características y naturaleza de la Luna. En principio, te sentirás muy afectivo, estarás muy pendiente de las emociones de otras personas, necesitarás ser querido y te comportarás de un modo cálido y amoroso. Al mismo tiempo, también te mostrarás como alguien muy inestable, muy emocional y cambiante. Serás capaz de captar lo sutil detrás de las palabras del otro y necesitarás sentirte acompañado y querido. Sabrás pedir ayuda en caso de necesitarla, pero, a la vez, quizá exijas o demandes en exceso, porque la Luna demanda, pide afecto y una contención con la intensidad del hambre de un alimento, y es común en nuestras vidas que no siempre recibamos ese cariño que necesitamos. Por lo tanto, por una parte, serás una persona muy inestable, con cambios imprevistos de humor y un ánimo variable aun durante el mismo día. Por otro lado, tenderás a la ensoñación y la fantasía y gozarás de enormes dotes para crear, ya que la Luna en el ascendente es muy creativa. La dulzura, la capacidad maternal de dar afecto, seas hombre o mujer, estará resaltada, sobre todo, demostrando gran empatía con mujeres y niños, con gente mayor y personas débiles. Serás percibido como un protector cariñoso, que sabe dar cuidado familiar y cariño. La Luna en el ascendente te volverá asimismo más dulce y suave, al tiempo que más activo en la búsqueda de afectos y sentimientos. Sin embargo, a pesar de esta apertura afectiva, también se te notará bastante cerrado y conservador con lo que sientas. A pesar de tanta emoción, no serás un aventurero tras la búsqueda de un mundo desconocido, sino más bien, alguien hogareño y familiar que hará todo lo posible por obtener seguridad y contención de la gente y los ámbitos conocidos. Tampoco te mostrarás abierto a experimentar cosas nuevas por miedo a que te hagan daño. Tu conducta se centrará en conservar y resguardar lo que tienes. Sentirás cariño fácilmente por la gente, tu hogar y las cosas que te rodean, te convertirás en un ser protector, empático y con sentido del humor, amable y agradable. Debes estar prevenido, sin embargo, de que todas estas emociones positivas suelen estar teñidas de un humor cambiante que puede hacer que provoques un efecto muy negativo en otros en ocasiones. Es decir, lo que sientas será intenso, pero no permanecerá en el tiempo y pasarás por cambios anímicos constantes; es más, podrías entablar en ocasiones vínculos algo más excéntricos e innovadores o alocados, pero serán pasajeros. Lo que sí permanecerán son tus afectos más importantes, porque esta Luna hará de ti una persona de sentimientos profundos.

Luna de revolución en la casa II

La Luna en la casa II señala la necesidad de logros en el ámbito material. Es una Luna que tiende a ser conservadora y a cuidar, así que, con la Luna en la casa II —el área del dinero y las tenencias–, es muy probable que éste sea un buen año para acumular dinero, o para comprar objetos de valor y conservarlos, o para restaurar objetos antiguos y, en general, para otorgar valor afectivo a todo aquello que te importe. Recordemos que la II es la casa del enriquecimiento y las posesiones, pero no exclusivamente materiales o monetarias, también se refiere a nuestros recursos personales y a las personas que nos ayudan. Como la Luna es afectiva, pondrás tu corazón, tus sentimientos y tu alma en estos aspectos de la vida. Así que, seguramente, si te encuentras en un proceso de mejorar tus rentas o entradas de dinero, éste será un buen período para conseguirlo. En todo caso, hay que recordar que, al ser la Luna la que nos influye con su energía, se concentrará en asuntos que nos generan deseos, ganas y donde nos sentimos bien y cómodos. Cuando hablamos de las influencias de la Luna por casas, nos referimos al espacio real o simbólico en que te sentirás querido y querrás, el lugar concreto en el que sabrás qué es de verdad importante para ti durante este año. Ganarás dinero, o más conocimiento, o los objetos o bienes que posees aumentarán su valor, siempre que quieras dedicarte a ello y que te sientas satisfecho. Si se produce alguna situación de incomodidad, es muy probable que cualquiera de estos asuntos no resulte ni positivo, ni exitoso. Por otro lado, una Luna en la casa II se refiere asimismo al cuidado del propio cuerpo; podrías realizar alguna actividad física que te genere placer y confort. Recuerda que la Luna te pide que seas bien tratado y cuidado, con delicadeza y ternura, tal como eras atendido por tu madre cuando eras bebé; así que deberá tratarse de una actividad muy en sintonía con este tipo de búsqueda de bienestar personal. La Luna en II también puede anunciar que la persona trabajará en algún ámbito lunar, como, por ejemplo, el cuidado de otras personas, ya que simboliza también el atender a los demás. Del mismo modo, facilita las actividades artísticas que nos permitan abrir y profundizar nuestro mundo emocional. Recordemos que la naturaleza propia de la Luna es emocional y, como es inestable y tiene muchas facetas, también puede generarte inestabilidad. Entonces, no tendrás muy en claro cuál es el mejor camino para lograr lo que buscas; pero, si escuchas a tu corazón y tus deseos, lo hallarás.

Luna de revolución en la casa III

La Luna en la casa III señala la necesidad de estudiar y de implementar conocimientos de forma activa. La Luna, recordemos siempre, alude a tus sentimientos y tus deseos. Cuando está posicionada en la casa III, te hará sentir atraído por el mundo de los conocimientos, el pensamiento, la información, la enseñanza y el aprendizaje. Si la Luna se encuentra en esta área, muy probablemente querrás aprender o enseñar, desde un lugar o una actitud más bien afectivos. Podría tratarse de enseñar a niños en edad escolar, o de brindar información a gente que te necesita o a personas que requieren protección y cuidados especiales. Sentirás el deseo de contener y proteger, por lo que con la Luna en la casa III es un buen momento para enseñar, ya que allí estará puesto tu corazón y tus sentimientos. Por otro lado, puede darse un vínculo muy cercano con los hermanos, recuerda que también es la casa de los hermanos. La Luna te acercará a ellos y, si están alejados, volverás a relacionarte de un modo más cercano o compartiendo actividades diferentes, ya sean nuevas u otras que se hallaban olvidadas. Como la casa III se vincula con la educación primaria, es a la vez probable que se produzca algún reencuentro con amigos de la infancia o con compañeros de esa época, o bien, que tengas contacto con escuelas a fin de colaborar o asistir de alguna forma. También podrías tener mayor contacto con el colegio de tus hijos o con algún tipo de institución que te haya formado de niño. Tu pensamiento también adquirirá un carácter más lunar y será cambiante pero benévolo, tendiente a la armonía y a la comprensión.

Luna de revolución en la casa IV

La Luna en la casa IV indica la necesidad de tener una familia, ya se trate de la tuya propia si todavía no la tienes, o de recordar o acercarte a tu familia primaria, la de tus orígenes. También se refiere al encuentro con los padres, o con personas que te hayan cuidado y criado de un modo muy cercano, afectivo y sensible. Asimismo, puede aludir a la necesidad de un hogar o casa propia, al deseo de tener hijos, así como al reencuentro con tu madre y, en general, a todo lo vinculado con tu esencia y origen. Podrías asimismo entablar relación con alguna persona de otro ámbito que hayas conocido en tu infancia o que te reconecte con ese mundo del pasado. La Luna en esta casa te dará asimismo gran sensibilidad e intuición, mucha capacidad de soñar, de jugar, de fantasear, como un niño. Mostrarás una conexión especial con el pasado y los recuerdos, y gozarás de muy buena memoria. En general, la Luna en IV te volverá alguien más profundo, que trata de llegar a conectar con sus orígenes y de encontrar respuestas a temas que se remontan a tu más tierna infancia. La emoción será el aspecto dominante y sentirás una potente conexión con todo lo vinculado a tu familia. Un aspecto que puede provocarte inestabilidad es que se producirá una revisión interna a nivel inconsciente; es posible que sueñes con temas distintos a los habituales, ya que esta casa se refiere aspectos profundos y ocultos de la persona, por lo que esta posición de la Luna tiene gran potencia onírica y mística. Recuerda es la casa regida por Cáncer, por lo que se trata de una posición muy expansiva y fluida para la naturaleza lunar. Habrá gran conexión con tu familia, con asuntos de carácter familiar, o reforzarás el vínculo que hasta ahora tenías con ella. Por otra parte, cuando tienes la Luna en IV, tendrás ganas de quedarte en tu casa, te volverás más hogareño y cercano a las personas con las que convives, o querrás redecorar el lugar donde vives, arreglarlo, pintar y comprar algún mueble u objeto nuevo. La posibilidad de tener hijos y el deseo de que un nuevo integrante llegue al hogar se verán facilitados. Asimismo, podría tratarse de que realices alguna actividad diferente en tu casa, o haya algún encuentro con tus seres amados. Juntarse, estar bien con nuestros seres queridos, mirar fotos y vídeos del pasado es algo muy típico de una Luna en la casa IV.

Luna de revolución en la casa V

Por lo general, una Luna en la casa V te dará el deseo de tener hijos, de enamorarte o de sentir verdadero amor por alguien por primera vez. Es común que se produzcan muchos encuentros afectivos, de carácter cariñoso, muy cercano y entrañable, plenos de lazos hermosos. También en este caso se pueden producir reuniones con personas de la infancia y amigos de cuando eras niño. Notarás gran capacidad de ensueño y fantasía, te sentirás muy místico y soñador, serás gobernado por el romanticismo y tendrás gran capacidad para sentirte amado y querer mucho a tus amigos. Los encuentros de la casa V serán conexiones llenas de creatividad, porque ésta es la casa de la creatividad. Y no importa el grupo del cual te sientas parte, estate seguro de que será gente querible, habrá cariño en común y grandes deseos de compartir y de dar. Se tratará de vínculos estables basados en el sentimiento. Por otro lado, la Luna en V activará de modo potente tus facultades creativas, tanto por ser el área que corresponde a estas actividades como por la naturaleza del planeta, la Luna, que genera mucha creatividad personal. No te extrañe que se te ocurran miles de cosas todo el tiempo, que te muestres inquieto, lleno de originalidad y que disfrutes divirtiéndote casi como un niño. Cuando tu Luna está en V, es un buen año para hacer cualquier actividad relacionada con los sentimientos y con aquello que tu corazón te dicte. Lo que no podrás hacer ni conseguir es aquello que no quieres. Y no lo lograrás, porque a la Luna le cuesta mucho obedecer mandatos que no responden a sus emociones, ya que su naturaleza sólo se vincula con lo que se siente de modo profundo y real. De este modo, si lo que haces es auténtico y tú lo deseas de verdad, resultará para ti muy vital, divertido e innovador.

Luna de revolución en la casa VI

Las personas con este tránsito se sentirán atraídas por asuntos y tareas cotidianas, ya se trate del trabajo o de ocupaciones rutinarias. Buscarás el modo de trabajar a diario con gente querida, o con personas que te hagan sentir bien a ti y tú a ellas. El ámbito laboral o el cotidiano se impregnará de un modo servicial, afectivo y protector, ya que la Luna genera ternura y cuidado allí donde esté. Es probable que busques un trabajo en el que puedas cuidar a los demás, ayudarlos, servirlos o atenderlos, o que te dediques a realizar tareas de atención y servicio al otro. Podría darse en muchos ámbitos, con niños, con ancianos, con sitios de atención médica o paramédica. También resultará positivo en otras áreas donde el servicio y el cobijo es parte esencial del trabajo, como la gastronomía y la hotelería. Asimismo, la Luna tiene gran conexión con la salud y, como la casa VI es el área que corresponde a la salud y la Luna es un planeta muy emocional, tu estado de salud durante este período dependerá de que tú te sientas a gusto. Así, es muy probable que, si estás bien anímicamente, si te sientes cómodo con tu vida y con lo que haces, goces de muy buena salud. Ahora bien, si haces actividades o un trabajo que te afecta negativamente, también es muy posible que esto repercuta en tu organismo a través de una depresión o de otro tipo de problemas físicos. Debes recordar que la Luna genera que los sentimientos se manifiesten internamente, no exteriormente. Por esta razón, habrás de tener especial cuidado. Si te sientes mal, no se notará exteriormente, pero podrías enfermar por no poder expresar lo que sientes.

La casa VI exige que nuestra tarea diaria, se trate del trabajo o de cualquier otra actividad, sea realizada del mejor modo posible, de un modo correcto, ordenado y con buen método. Y en tanto en cuanto ese trabajo o actividad te agraden y los realices del mejor modo posible, te sentirás bien, estarás a gusto y no enfermarás. Hay que tener en cuenta que es una casa de crisis, ya que en el área que corresponde al trabajo y la salud, no siempre hay orden, sino que es habitual que la crisis sea la norma, más en estos tiempos de cambios abruptos en el mundo. Por ello, será esencial que te esfuerces en tratar de buscar o de elegir siempre aquello que te procure la estabilidad y la tranquilidad que te hagan sentir querido y cuidado, que es lo que la Luna en esta casa exige. Ella te pide que te dediques a una tarea en la que tu función y sentimientos sean de servicio y protección y que elijas a la gente adecuada para realizarla. Por lo que se refiere a tu salud, la Luna gobierna nuestras emociones, así que muy seguramente, si no te encuentras a gusto, tu ánimo tenderá a decaer. La Luna es muy inestable y afecta en gran medida tu estado de ánimo, así que deberás protegerte, ya que estamos hablando de un área muy terrena, es decir, donde lo concreto, lo material y lo real son definitivamente centrales, donde son comunes las crisis y los cambios, y donde hay que exigirse cada día para tratar de hacer las cosas bien. La Luna en la casa VI puede incrementar aún más esa exigencia y sobrecargarte de responsabilidades, por lo que tenderás a dar más de lo que puedes. Trata de evitarlo, de buscar el equilibrio y de cuidarte a ti mismo procurando en todo momento lograr protección y confort.

Luna de revolución en la casa VII

En principio, lo más destacable será que la pareja, el matrimonio y el otro, nuestro interlocutor en la vida, elementos propios de la casa VII, se verán revitalizados por la emoción y la potencia afectiva de la Luna. Buscarás a alguien para amar y será una persona para querer y para que ella te quiera, y todo transcurrirá de un modo cálido y emotivo. Donde está la Luna, se halla la necesidad de cuidado, de ternura, de lo hogareño y familiar; así que ante un tránsito lunar en VII, muy probablemente, querrás formar una pareja o profundizar la relación que ya mantienes. Podría suceder, por ejemplo, buscando un hogar para vivir juntos, o quizá pensar en tener hijos como un modo de reforzar tu vínculo. Se trata de un tránsito identificado exclusivamente con los sentimientos. Si no estás en pareja, es muy probable que conozcas a la persona adecuada con la que proyectar una familia o una vida en común. Si se trata de una sociedad, comercial, artística o de otro tipo, con la Luna en VII, pensarás en el modo de transformar ese equipo de un modo lunar, ya sea ofreciendo cuidados a otras personas, o trabajando en ámbitos lunares, como colegios, guarderías, casas de salud, hoteles, restaurantes. Todo ello habla de la capacidad de nutrir propia de la Luna, sea en un sentido material o simbólico. También podría suceder que te asocies con una persona que posea estas características, alguien afectivo, a quien quieras y en quien tengas confianza, alguien que te haga sentir cómodo y que te proteja. El componente lunar tiende a ser inestable, así que aquí también se aplica el estar prevenido; aquello que te hace sentir bien en otras ocasiones quizá cambie y te genere el efecto contrario. Por lo tanto, estate atento a las decisiones que tomas, porque la Luna es muy fluctuante, y la casa VII exige un vínculo que perdure en el tiempo. Por eso, te recomendamos que, antes de privilegiar los deseos de ese otro, pareja, amor o matrimonio que simboliza esta casa, hagas primero lo que tú realmente deseas hacer. Cumple ante todo con tus sentimientos y escucha a tu corazón.

Luna de revolución en la casa VIII

La casa VIII encarna procesos de pérdida y de dolor; se vincula además con una transformación profunda, que en ocasiones puede generar crisis y exige que nos despojemos y nos desprendamos de algún aspecto personal para permitir que nazca y crezca algo nuevo.

Un hecho que promueve una transformación radical y hace que la persona sea obligada a reconocer las partes oscuras de sí misma o del otro. Dado que, a su vez, la casa VIII se vincula con el mundo emocional a partir del encuentro con el otro, muy probablemente, si allí se encuentra la Luna, se generarán potentes sucesos emocionales que los unan. La VIII también se refiere al sexo, así que la Luna en VIII hará que a la hora de mantener encuentros sexuales deposites en ellos todo tu sentimiento, por lo que quizá esas relaciones se den con personas a las que ames. La Luna incita aquí al enamoramiento y provoca fluidez en ese vínculo, el que haya más cariño, más ensueño, mayor fantasía. Con la Luna en VII y en VIII, el mundo del romanticismo sale a la luz, así como aspectos ocultos y un mundo onírico, vinculado con la noche donde la Luna reina, y relacionados con el movimiento de los fluidos y las mareas. Ésa es su permeabilidad y la que nos transmite. La Luna en VIII te llenará de emotividad y sentimiento, te volverá muy sensible y hará que tus sentidos y capacidades sensoriales actúen a su máxima potencia. Serás gobernado por el contacto piel a piel, por la sensibilidad y por la imaginación. Establecerás con quien te vincules una relación de carácter misterioso y mágico. Al mismo tiempo, habrá también factores cambiantes, fluctuantes, inestables. Otra de las probabilidades es que recibas una herencia, tema también vinculado con la casa VIII; una herencia que puede ser monetaria o simbólica, o que puede estar conectada con tus padres o la familia. Cuando la Luna se encuentra en la casa VIII, el niño gestado en este período habrá sido concebido con mucho amor. Si quieres tener un hijo, es un buen momento.

Luna de revolución en la casa IX

La Luna en la casa IX es señal de que la persona se volverá muy soñadora, fantasiosa e idealista. Pondrás todo tu empeño en emprendimientos y proyectos, quizá en realizar un largo viaje, o tal vez tengas la posibilidad de mudarte, de irte a vivir al extranjero, o a algún sitio lejano a tu lugar de origen que se convertirá en tu nuevo hogar. Podrías asimismo dedicarte a estudiar, inscribirte en alguna carrera de carácter lunar, vinculada con la gente y el cuidado del otro. Los tránsitos lunares en IX suelen anunciar actividades referidas a la enseñanza, o el ir a enseñar a un sitio remoto, o emprender propuestas artísticas que sucederán en lugares a los que deberás trasladarte y viajar. Todo lo referido a una Luna en IX se identifica con una exploración profunda de nuevos senderos de vida, búsqueda que significará un cambio para ti. Si lo deseas, esta Luna te dará la fuerza para realizarlo. Puede suceder también que te enamores de una persona que viva en un sitio lejano o que provenga de otro país. Es probable además que recibas una beca o un premio que te permita ir a estudiar a otro sitio, o que consigas trabajos en el exterior. Es posible igualmente que te relaciones con personas que viajan por trabajo fuera de su país, o cuya actividad implique el viajar de modo habitual. También las carreras vinculadas con hotelería y el turismo, así como los estudios que abran tus horizontes, son habituales con esta Luna. La enseñanza es otro de los fuertes de esta una Luna en IX, así que puedes esperar cambios en este aspecto. La Luna en IX te vinculará de algún modo con otro tipo de personas y sucesos relacionados siempre con la expansión, con la apertura y con la realización de tus ideales. Irás tras ideas y un sentido más profundo y transcendente, quizá incursiones en experiencias espirituales o religiosas, o en alguna doctrina filosófica nueva que te permitan hallar una valoración distinta de la existencia. La Luna en IX asimismo promoverá en ti intereses sociales y solidarios, o te llevará a conectarte con gente necesitada de ayuda. Es una Luna que promoverá en ti deseos altruistas, idealismo y la necesidad de impartir justicia.

Luna de revolución en la casa X

La Luna en X se relaciona con elegir una profesión, un lugar en el mundo, un estatus social, una carrera, con ponerse un objetivo concreto y alcanzarlo. Cuando hablamos de una Luna en la casa X, tus necesidades se identificarán, primero, con tus gustos personales, algo que te llenará de satisfacción, y lo más probable es que las actividades que realices tengan carácter lunar, como la atención a personas, su cuidado y protección, los niños, la maternidad. Cuando tienes la Luna en la casa X, es tu momento para elegir una carrera, una vocación o profesión, y tu elección responderá a los sentimientos que te movilizan y a actividades lunares, ya sea que tengan un componente emocional o solidario. Y en el caso de que selecciones alguna actividad de tipo más individual, también estará gobernada por el carácter emocional de esta Luna. Podrías ser un muy buen asistente social, un médico o enfermero, u otras profesiones en las que el servicio al otro es manifiesto, como la gastronomía, la hotelería, las organizaciones sociales. Pero podría tratarse de cualquier otra tarea en la que pongas el centro de tu atención en el servicio al otro. Por ejemplo, si eres periodista, te enfocarás en aquello que le pasa a la gente; si es una actividad artística, intentarás expresar lo que sientes. El modo de canalizar esta energía lunar dependerá mucho del signo en que se halle tu Luna de revolución, pero en cualquier caso, se tratará de una actividad que nutra a otros. Harás algo que te llenará profundamente, porque, de algún modo, estarás alimentando a otros en algún sentido, real o simbólico, y realizarás tareas que te completen y te generen mucha satisfacción. Podrías también inclinarte por actividades artísticas, creativas, fantasiosas, intuitivas, la Luna te aportará gran creatividad personal. Porque la Luna no sólo simboliza un impulso de creación siempre que esté vinculado con lo que sientas, sino que el modo en que lo expresarás será también lunar, es decir, fluido, profundo, muy vinculado con tu interioridad. En caso de que formes parte de algún grupo conectado con el ámbito de la vocación y la profesión, éste estará marcado por una fuerte unión, ellos te harán sentir cuidado, contenido, protegido. Y, con respecto a los espacios vinculados con la exposición y el reconocimiento públicos, también gozarás de comodidad y un sentimiento de pertenencia. Este tránsito lunar genera gran actividad creativa, pero siempre en conexión con la emoción que sientas, con aquello que te haga sentir cómodo, con un espacio donde puedas dar a otros y establecer vínculos cálidos. Asimismo, este tránsito hará que tú te muestres más afectivo y que asumas de algún modo un rol maternal o paternal con tu prójimo.

Luna de revolución en la casa XI

La Luna en la casa XI es una Luna abarcadora, con intereses diversos. Con este tránsito lunar, realizarás muchas actividades de carácter creativo, unido a otras personas con las cuales tendrás intereses e ideas afines. Tratarás de identificarte con lo que otros hacen y sobresaldrás por ser diferente y tener opiniones propias. La Luna en esta casa generará en ti muchas ideas creativas e innovadoras, pero no lo harás solo, sino dentro de un grupo o asociación. Valorarás más tu libertad, así como tu individualidad y la diferenciación respecto a los demás, pero siempre dentro de un grupo, donde todo lo nuevo y distinto será la norma. Notarás un gran sentido de pertenencia con respecto a tus amigos y a las personas con la que formes ese equipo. Sentirás muy cercanos a tus amigos, o tendrás otros nuevos a los que te sentirás muy unido, y recibirás lo mismo de su parte, tú también serás apreciado y querido. Te mostrarás muy cuidadoso y amable, tal como mandan las características lunares, y harás lo que esté en tus manos para protegerlos. Los grupos de amigos surgidos con este tránsito suelen configurar una verdadera comunidad, así que hallarás gente afín y querida con la que desarrollar tus ideas y creatividad. Te sentirás más aventurero, divertido, inquieto y curioso, en constante movimiento tras nuevos objetivos, que te vincularán con personas diversas interesadas en el conocimiento y el aprendizaje de temas novedosos. Todo lo que tenga que ver con algo comunitario se verá favorecido, ya que este tránsito lunar facilita el acercamiento al otro, el tratar de ayudar, proteger y cuidar, construyendo un vínculo romántico, fantasioso e idílico. Es una buena Luna para realizar actividades artísticas grupales, para todos los trabajos lunares y con el tipo de gente que responda a estas características de cuidado, unión, protección y solidaridad de las que venimos hablando. Aprovecha para conocer a personas a las que tú valores y quieras, y recibas lo mismo de parte de ellas. Como ya hemos dicho, todas las actividades relacionadas con el servicio, el cuidado y la solidaridad con el prójimo serán las más adecuadas. Esta Luna facilita también la formación de sociedades, organizaciones solidarias o cualquier grupo que se destaque por dar y recibir cuidado. Se sentirán muy a gusto.

Luna de revolución en la casa XII

La Luna en la casa XII es una Luna muy particular y especial, ya que la casa XII nos habla de los sentimientos más internos e inconscientes, de los sueños, la reflexión, el renunciamiento a nuestro propio ego. Cuando la Luna está en esta casa, hace que tengas un sentimiento íntimo y una fuerza muy potente vinculada con tu mundo emocional, incluso, de carácter psíquico, así como gran capacidad de comprensión sobre lo que sienten o les sucede a otras personas. Te volverás alguien muy empático, muy dulce y tierno. La Luna te dará gran poder sensorial y una sensibilidad extrema. Tiene también aspectos negativos, ya que hará que te encierres y recluyas dentro de ti. Te volverás introspectivo y más bien tímido, así que te hallarás en un lugar de cierta fragilidad con respecto a los demás, pero con gran fortaleza interna. Te notarás asimismo muy fantasioso, intuitivo, creativo y soñador y, por lo tanto, la mejor forma de canalizar tanta sensibilidad será realizar actividades artísticas, para lo cual, esta Luna resulta excelente. Igualmente, para realizar actividades con otras personas, compartir momentos, viajar, hacer deportes, trabajar con grupos. Es una Luna amable y generosa que aporta gran suavidad y creatividad, y la única prevención es que te impone el que en todo momento evites dejarte llevar por sentimientos ajenos. Sólo debes guiarte por lo que tú sientas. Si tú estás a gusto, todo irá bien; si no fuera así, aunque esa actividad sea aparentemente positiva, no lo será para ti. Otro aspecto que deberás controlar es tu tendencia a la fantasía, así como tus emociones, que serán confusas, contradictorias y tan agradables como dramáticas. Es importante controlar toda la sensibilidad que te asaltará con esta Luna, puedes deprimirte o volverte fatalista, y sólo obedecerá a la exacerbación de tus sentimientos, no a hechos reales, y tú no sabrás distinguirlo. Ten un cuidado especial, porque en la casa XII esas emociones serán muy extremas y tocarán lo más profundo de ti mismo. Ésta es la «casa del alma» y te condiciona emocionalmente, por lo que, si atraviesas un mal momento, esta Luna te hará sentir mucho peor. Y, de modo contrario, si estás bien anímicamente, sentirás la fuerza para hacer miles de cosas. Pero ninguna de las dos opciones será ni muy cierta ni muy real. Serás gobernado por la inestabilidad y cierta debilidad emocional, así que nuestro consejo es que pongas un freno a las necesidades ajenas. Debes evitar la tendencia sacrificial de esta Luna en XII. No has de entregarte al otro hasta el punto de quedar indefenso en sus manos, no importa cuánto te necesite. Piensa primero en ti y cuídate. Ésta es el área de los aspectos inconscientes, confusos, difíciles, y es posible que no puedas expresar qué te sucede, porque la Luna en la casa XII oculta lo que sientes y encierra tus emociones dentro de ti sin que puedas mostrarlas. Con esta Luna, se siente mucho, se disfruta, se sufre, pero no se puede expresar, todo acontece a nivel interno. Puedes aprovechar estas emociones lunares, pero solamente a partir de ti, desde un lugar muy individual, muy íntimo, es decir, nadie se enterará de cómo te sientes. Por lo tanto, en el momento de elegir tus amistades, tus vínculos y las actividades que realices, protégete, porque de algún modo tu sensibilidad y tus emociones estarán en carne viva.

CAPÍTULO VII

Signo de revolución en el medio cielo o casa X, en el fondo del cielo o casa IV y en el descendente o casa VII

En este capítulo, te enseñamos a saber:

- ¿Qué significan el medio cielo (MC), el fondo del cielo (IC) y el descendente? ¿A qué áreas de la vida corresponden y por qué son importantes en una revolución solar?
- Tu signo de revolución en el medio cielo (casa X)
- Tu signo de revolución en el fondo del cielo (casa IV)
- Tu signo de revolución en el descendente (casa VII)

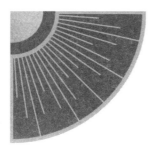

¿Qué significan el medio cielo (MC), el fondo del cielo (IC) y el descendente? ¿A qué áreas de la vida corresponden y por qué son importantes en una revolución solar?

Ahora nos ocuparemos de cuatro elementos significativos para analizar en una revolución solar. Como puedes observar, en el título del presente capítulo sólo aludimos a tres de ellos, ya que, el más importante para una revolución solar, **el ascendente,** ya lo hemos tratado de forma extensa en el **capítulo II** de esta obra. En un principio, dentro de la formación de las casas astrológicas, donde las casas están relacionadas con los cuatro puntos que mencionaremos a continuación, lo primero que hemos de decir es que la formación de las casas astrológicas está relacionada con la observación del **movimiento del Sol.** De este modo, señalan en la rueda zodiacal cuatro puntos destacables para una revolución, sumadas, por supuesto, a otros elementos, como los planetas y los aspectos.

En principio, **la clasificación divide a la rueda zodiacal en cuatro puntos,** que corresponderían a las siguientes denominaciones:

- el **Sol ascendente,** que es el Sol que sale por el horizonte a la hora y minutos en que nacimos;
- el **Sol en cénit** o en su punto más alto, también llamando **Sol en el medio cielo** (MC, *Medium coeli* en latín);
- el **Sol descendente,** que representa la ubicación opuesta al **ascendente;**
- y, finalmente, el Sol en su punto más bajo de la rueda zodiacal o medianoche, que es el **Sol en el fondo de cielo** (**IC,** *Imum coeli* en latín).

Por lo tanto, las casas astrológicas que corresponden a la ubicación de cada uno de estos cuatro puntos de la rueda zodiacal son: la **casa I,** en el caso del **ascendente;** la **casa X,** para el **medio cielo (MC);** la **casa VII,** para el **descendente;** y la **casa IV,** para el **fondo de cielo (IC).** Como podemos observar, se trata de **cuatro puntos opuestos por pares,** así la **casa I (ascendente) se opone a la casa VII (descendente)** y la **casa X (medio cielo) se opone a la casa IV (fondo de cielo).**

Nos ocuparemos ahora de estos **dos ejes** esencialmente. Son importantes en una carta natal y en una revolución solar, aportan más contenido a nuestro análisis y, sumado a ello, en caso de que el signo ubicado allí se encuentre al comienzo de cada casa, el punto adquiere mayor valor e importancia.

Ejes ascendente-descendente y medio cielo-fondo de cielo

Nos ocuparemos ahora de estos cuatro puntos. El **ascendente es el opuesto al descendente** –casa I frente a casa VII–. De este modo, si el **ascendente en la casa I** nos representa a **nosotros mismos,** al «yo», el **descendente en la casa VII simboliza a nuestro interlocutor,** quien nos complementa, quien nos recibe, y en astrología corresponde a la ubicación del «tú». El **descendente** es todo aquel que contacta con nosotros, que nos escucha y nos habla, con quien nosotros dialogamos; constituye la mirada de otro; es el otro que elegimos y al que conocemos. El descendente también está simbólicamente relacionado con la persona que uno elige para formar pareja; por eso se lo vincula con el **matrimonio,** o bien con un único ser que tengamos cerca, ya se trate de un socio o alguien con quien compartamos la vida, quien funciona de alguna manera como un equilibrio o balanza de nuestro yo. El vínculo que se establece entre ascendente y descendente es un intercambio: yo te doy, tú me das; yo te hablo, tú me escuchas; tú escuchas, yo hablo. Es muy importante el **eje ascendente y descendente,** porque se refiere a un **eje vincular** fundamental que presupone el conocernos como personas, el yo como persona y el otro como persona. Cuanto mejor nos conozcamos a nosotros mismos, cuanto mejor nos llevemos con nosotros mismos, mejor será el interlocutor que elijamos y mejor será la relación con ese otro. El segundo elemento que consideraremos es el **medio cielo.** El medio cielo representa el espacio donde uno pone sus **expectativas, las metas, los objetivos,** representa **el lugar hacia el que queremos dirigirnos.** Está relacionado con **la profesión y la vocación** e íntimamente ligado con las metas que nos trazamos en la vida, con la **salida al mundo, el reconocimiento social** y con qué clase de herramientas tenemos para realizarnos en ese ámbito. El medio cielo es muy importante, porque corresponde al **punto más alto de una carta** y de una revolución solar, y simboliza hacia dónde vamos en la vida. Miramos al otro en el descendente, nos miramos a nosotros mismos en el ascendente, y miramos lo que queremos y aquello que haremos en el medio cielo. Finalmente, para completar este círculo, miraremos también **de dónde venimos en el fondo de cielo.** Allí observamos cuáles son **nuestros orígenes,** nuestras raíces, qué nos sucedió en nuestra infancia, cómo fue **el clima familiar,** cuáles son **nuestros miedos** más arraigados, nuestros temores, **cariños, amores, con qué contamos,** qué tenemos interiormente, cómo nos formamos como personas. De acuerdo a lo que nos hayan dado, a la contención y el afecto recibidos junto con lo que pudimos elaborar a partir de todo ello, es como nos transformarnos en personas adultas que cuentan con ciertos recursos para desarrollarse en el mundo. Una y otra casa, la IV y la X, nos hablan **de dónde venimos y hacia dónde vamos.** Por eso, la **casa IV o fondo de cielo** está tan relacionada **con la X, el medio cielo,** que es el lugar hacia donde nos conducimos en nuestra existencia. Concluimos esta explicación y, a continuación, nos explayaremos sobre qué significa la posición de cada uno de los 12 signos de revolución en las ubicaciones expuestas siguiendo este orden.

Tu signo de revolución en el medio cielo (casa X)

El medio cielo o casa X, como dijimos, es el punto más alto de la carta; representa nuestra guía. Cuando uno por revolución solar tiene planetas en el medio cielo, resulta fundamental analizar cuáles son, porque ellos nos indicarán con qué energía contamos en el año y, si analizamos el signo, veremos de qué forma se canalizará o se realizará esa energía en cada una de esta áreas de la vida, que nos hablan de: todo lo referido a los emprendimientos personales, los logros, el reconocimiento, la autoridad, las metas, la vocación, la profesión, aquello que deseamos hacer y, sobre todo, la salida al mundo. **El signo nos dirá el modo que adquirirán estos tipos de experiencia** en este punto de la carta.

Signo del medio cielo en ARIES

En el caso de tener un medio cielo en Aries, está clarísimo que seguirás tus propias reglas, que serás tú quien tomará las riendas de tu vida. No te gustará que te digan qué debes o no hacer, serás muy emprendedor, voluntarioso, pasional, activo y vital. Te mostrarás muy aguerrido, ya que Aries es un signo con mucha capacidad para luchar y defenderse, alguien muy valiente que tiende a ser osado, así como impulsivo, además de poseer gran intuición. De tal modo que, con un medio cielo en Aries, muy probablemente, consigas lo que quieres y no estarás pendiente ni tendrás miramientos con respecto a los demás. Se trata de un signo potente en una casa potente, lo que te dará mucha fuerza y, por tanto, posibles logros.

Signo del medio cielo en TAURO

Con un signo como Tauro en el medio cielo, todo será más lento e irás más despacio. Pensarás bien cada asunto y realizarás lo que pretendes en tiempo y forma y sólo en la medida que hayas reflexionado bien de forma previa, con calma y buena información, conociendo todos los pormenores del asunto que quieres lograr. Tauro es un signo que va despacio pero sin pausa, es muy fuerte, no tiende a caerse ante el primer obstáculo y es muy práctico, estable anímicamente y honesto; por lo que, seguramente, las metas que pretendas serán concretas, prácticas y asequibles. También un Tauro en el medio cielo habla de una gran potencia y de enormes posibilidades de concretar lo que desees, ya que es un signo de tierra y, al ser práctico, el objetivo será realizado sin prisa, pero llegarás a donde pretendes.

Signo del medio cielo en GÉMINIS

Un medio cielo en Géminis nos indica una diversificación de intereses. Muy probablemente, te atraigan muchos objetivos y asuntos simultáneamente, pero contarás con gran inteligencia y capacidad para intercambiar información y conocimientos. Se trata de un signo que debes aprovechar para realizar asociaciones con otras personas, para intercambiar ideas, palabras, para establecer un diálogo con quien desees. Resulta muy positivo para expresar tus ideas de forma clara, hay una gran ductilidad y adaptación al medio, gran curiosidad y una enorme capacidad de pensamiento. Un medio cielo en el signo de Géminis te aporta muchas herramientas para conseguir lo que buscas, ya que, además de inteligente, es hábil y calculador.

Signo del medio cielo en CÁNCER

El signo de Cáncer en el medio cielo te ofrecerá mucha afectividad, inteligencia e intuición. Si deseas logros o realizar cualquier emprendimiento, con Cáncer en el medio cielo conseguirás apropiarte de lo que necesitas para realizar tus objetivos, a la vez que conseguirás hacer de tu vida un mundo interior propio. Cáncer posee mucha capacidad para soñar e imaginar, es un signo muy creativo y a la vez inquieto. Por otro lado, emocionalmente es un signo muy rico, lo que hace que muchas veces lo que decida realizar se vinculará directamente con aquello que te haga sentir bien y estar a gusto. Es muy probable que trabajes con gente que quieres, personas que tú hayas elegido porque confías en ellas, o bien que realices actividades vinculadas con tu mundo emocional. Cáncer también te aporta ambición y capacidad de trabajo.

Signo del medio cielo en LEO

Leo es un signo que presupone exposición y reconocimiento público, ya que sale al mundo para ser admirado y aplaudido; ha nacido para brillar e iluminar el espacio en que se encuentre. Así que, si tienes a Leo en el medio cielo, ten en claro que no pasarás desapercibido, serás notado, te harás ver, serás admirado y reconocido. Por lo tanto, cualquier actividad en el medio cielo que responda a estas características funcionará de forma perfecta. Leo trae luz al lugar en el que está, aporta vitalidad, alegría, y es un signo seguro y confiado en sí mismo, por lo que seguramente cualquier meta que emprendas con Leo en el medio cielo tendrá visos de triunfo, ya que lograrás resolver los obstáculos que se presenten y llegarás allí donde deseas ir. Es una buena posición para el logro de objetivos, dada la potente voluntad y talento de Leo para conseguir lo que quiere.

Signo del medio cielo en VIRGO

Este signo en el medio cielo hará que emprendas la tarea que te propongas con enormes ansias de perfeccionar, porque Virgo sabe que siempre hay algo que puede hacerse mejor, que constantemente hay aspectos que investigar o detalles que analizar en profundidad. Tendrás en cuenta la mejor información y conocimiento para lograr un buen resultado y sabrás de qué modo intercambiar elementos o aspectos si la meta que te propusiste no va por el sendero correcto.

Virgo te dará no sólo gran capacidad de trabajo, sino que lo que hagas lo realizarás del modo más detallado y minucioso posible. Sabrás mantener el orden que debas seguir, utilizar métodos para lograr lo que persigues, y lo llevarás a cabo de forma minuciosa y eficiente. Cumplirás asimismo un rol social en que lo más importante será actuar del modo más correcto y práctico. De esta forma, cualquier emprendimiento que te propongas con Virgo en el medio cielo pasará antes por un análisis exhaustivo previo, hecho que te permitirá no sólo concretar lo que buscas, sino obtener un producto o servicio de calidad y superador.

Signo del medio cielo en LIBRA

Manifestarás gran necesidad de comunicación con los demás, enorme empatía con la gente y tendrás la capacidad de hacer sentir bien al otro, de saber el mejor modo de tratarlo a fin de que te escuche, colabore contigo y te ayude a lograr lo que buscas. Es un signo sumamente afable, que sabe cómo cuidar y recibir al colaborador, amigo o pareja, cómo darle una buena bienvenida y generar grandes expectativas sobre su persona. Es talentoso socialmente y se adapta a todo tipo de personas con formas educadas, afables, encantadoras. Seducirás tanto en pareja como socialmente. Te manejarás muy bien en sociedades, llegarás a acuerdos, ya que Libra es un excelente negociador, y priorizarás lo artístico y estético principalmente. Libra en esta posición, dado que es un buscador de la armonía y la belleza, tenderá a mejorar y a embellecer cualquier objetivo que te propongas. Y lo que hagas, siempre tendrá un carácter creativo, agradable y armonioso. Es, además, muy inteligente y hábil.

Signo del medio cielo en ESCORPIO

Escorpio es un signo muy profundo y comprometido que siempre llegará al fondo de cualquier cuestión. Con un medio cielo en Escorpio, todo lo que realices lo harás de modo intenso, con total dedicación y capacidad transformadora. Nada quedará como estaba, tenderás a modificar lo que sea necesario mejorar y a convertirlo en algo nuevo. Probablemente, debas perder o descartar algún elemento para poder ganar y conseguir lo que quieres. Realizarás, por tanto, un trabajo importante, porque, a cualquier tarea que quieras emprender en esta casa, Escorpio hará que le agregues un plus: llegarás a la médula de cualquier asunto laboral o del emprendimiento que estés realizando; irás a la esencia, no te perderás por las ramas, lucharás con ambición y fuerza, y sabrás en todo momento qué hacer para obtener logros. Nadie podrá engañarte y sabrás averiguar los aspectos negativos, complicados, dolorosos, o las posibles molestias u obstáculos del trabajo que acometas. Escorpio sabe ver lo que otros no quieren o no pueden ver y sabe observarlo a distancia. Si logras contemplar esos aspectos negativos y sacar a la luz lo positivo, llegarás a excelentes resultados. Es además un luchador nato al que los obstáculos o competidores no acobardan, sino que encienden su ímpetu.

Signo del medio cielo en SAGITARIO

Sagitario es un signo que tiende a abrir posibilidades, a ampliar perspectivas, a agrandar el espacio, a congregar a más gente, elementos y factores diversos. Así que cualquier asunto que quieras realizar tendrá que ser más: más expansivo, más grande, con mayor información, o con más gente o en lugares más amplios, o necesitar viajes y traslados para realizarse, o requerir estudios más elevados para llevarse a cabo. Sagitario ampliará tus horizontes, verás más lejos y con un amplio espectro. Este signo te ofrece la posibilidad de abrir tu mente y de tener nuevas y muchas oportunidades de realizar emprendimientos diferentes. Socialmente es agradable, buen compañero, alegre, vital y contagia fe en todo lo que emprende. No peques de optimista y aprovecha la fuerza innovadora, espiritual y cooperativa que te ofrece Sagitario.

Signo del medio cielo en CAPRICORNIO

Capricornio es un signo concreto y práctico, resolutivo, severo, estricto, exigente. Pide que lo que hagas lo realices del modo correcto, cumpliendo las normas y la ley, así que, además de todas estas características, te aportará en lo que emprendas un gran sentido de la responsabilidad y madurez. A la vez, es concreto y práctico, así que sabe negociar y lograr los mejores resultados en cualquier ámbito. De este modo, todo lo que hagas con esta mirada capricorniana implicará que tomarás en cuenta multitud de factores y que harás lo que debas del mejor modo para conseguir lo que pretendes. Si actúas como pide este signo, seguramente todo te irá bien. Es una posición exigente, porque no le gustan los errores. Detestarás el descuido y la distracción, pero te comportarás de un modo obstinado y muy voluntarioso, así que es muy probable que llegues conseguir tus objetivos porque actuarás del modo correcto, con habilidad, objetividad y enorme capacidad de trabajo.

Signo del medio cielo en ACUARIO

Acuario es diferente, extraño, cambia, quiere modificar lo presente, es innovador, avanzado, original y tiene ideas futuristas. Por lo tanto, todas estas características influirán en ti a la hora de elegir tus metas, y de llevarlas a cabo, no mirarás nada como lo veías hasta este momento. Cambiarás tus ideas, puede haber modificaciones en tu trabajo y buscarás grupos con valores comunitarios para llevarlas a cabo. Es un signo social, amistoso y libre por naturaleza, por lo que impondrás este mandato allí donde actúes. Harás la actividad que tengas entre manos a tu manera y basándote en tus propias ideas, pero buscarás realizar algo transformador y diferente junto a un grupo de personas, ése es su designio. Estarás más abierto a propuestas nuevas, a otros intereses, trabajos, temas, tareas y modos de hacer, y encararás cualquier asunto de un modo original, distinto al habitual. Es un signo que destaca por su inteligencia, hábil para conseguir lo que pretende y que sabe manejarse socialmente, lo que agrega un extra a sus dotes creativas.

Signo del medio cielo en PISCIS

Con Piscis en el medio cielo, estarás imbuido por una enorme emocionalidad, sensibilidad y capacidad artística. Además, te mostrarás muy soñador y fantasioso, elemento este último del que debes prevenirte para no confundir el rumbo, caer en engaños o no tener bien clara la realidad a la hora de valorar propuestas, personas con las que trabajar, o el sendero que debes seguir para llegar adonde te diriges. Con Piscis en el medio cielo, tus emociones y tu sensibilidad serán distintas, habrá cambios y te mostrarás más dispuesto a los trabajos de servicio, a tareas solidarias, artísticas o de carácter espiritual. Emprenderás de algún modo un viaje interior que te llevará hacia un nuevo lugar en tu vida. Cualquier meta o trabajo vinculado con aspectos emocionales y en relación con la gente se verán favorecidos, siempre que te conecten con lo que tú sientes. Tu alma será tu guía y un canal excelente para lograr tus metas. Procura ver la realidad, porque puedes sentirte confundido respecto a los objetivos, y dominar la inestabilidad de este signo cambiante que, a pesar de tanta emocionalidad, es muy luchador y trabajador. Cuando sabe qué quiere, va tras ello y lo consigue.

Tu signo de revolución en el fondo de cielo (casa IV)

Ahora nos referiremos al punto de la carta opuesto al anterior, que nos habla de la parte más interior del ser humano y abarca: nuestro mundo emocional, los sentimientos más profundos, todo lo que cultivamos desde la infancia, nuestra familia, el hogar, la capacidad que nos dieron de contener, según cómo y cuánto hayamos sido protegidos y cuidados. El fondo de cielo es el punto inferior, el más bajo en una carta natal o revolución solar y representa aquello con lo que contamos a nivel emocional, todo lo referido a nuestra vida íntima, que es lo que nos formará como personas para, más tarde, disponer de herramientas para salir al mundo como adultos. Todo lo vinculado con el clima vivido en nuestro hogar, con nuestra familia, la nutrición emocional, el haber sido querido y resguardado, las características de nuestro lugar y de nuestro origen, así como nuestra esencia familiar se observan en este punto. El fondo de cielo simboliza los recursos personales internos que desarrollamos en familia, y nos permiten construir nuestro propio hogar, así como los recursos personales que poseemos para salir y enfrentarnos con el mundo.

Signo del fondo de cielo en ARIES

Aries es un signo aguerrido, valiente, inquieto, creativo; por lo tanto, hallarás en este fondo de cielo en Aries el aprendizaje recogido a partir de esta fuerza para luchar y seguir avanzando a pesar de los obstáculos. En ocasiones, lo harás de un modo poco pacífico y, en otras, de forma más violenta. Puede suceder que estas características formen parte de tu infancia o que la familia que buscas conformar participe de estas cualidades. Es importante reconocerlo para saber qué herramientas traes de tu núcleo familiar para luego proyectarte socialmente. Aries es creativo, ya que es un signo realizador, en acción permanente, inquieto aunque inconstante, y a veces no logra sostener aquello que inicia, pero siempre está creando algo nuevo. Por otro lado, es un signo muy vital, muy físico, muy pasional, siempre lleno de deseos, de ahí su tendencia a la actividad y la realización. Por lo tanto, un fondo de cielo en Aries te aportará un mundo interior fuerte, potente, que te llenará de fuerza para conseguir los logros o el reconocimiento que buscas. Has de controlar los malos impulsos, la agresividad y cuidar tu forma de expresarte con el otro.

Signo del fondo de cielo en TAURO

Tauro en esta posición señala tranquilidad, voluntad, contemplación, paciencia, paso lento pero seguro, estructuras sólidas en la infancia, una familia estable, en la que todo sucede de un modo fijo, sin muchos cambios o movimientos. Sin embargo, lo importante es que se trata de un hogar sólido. Eso significa que cuentas con gran estabilidad interna, con un equilibrio que también se manifestará en tu constitución emocional, en ideas armónicas y de bases firmes. Habla de una familia que te cuidó y en la que tus necesidades fueron escuchadas y resueltas, lo que significa que tú harás lo mismo, porque ese modo de proceder actuará de modo inconsciente guiando tu conducta. Cuentas, por lo tanto, con una fortaleza equilibrada para llevar adelante tu vida, te propondrás objetivos concretos y los realizarás.

Signo del fondo de cielo en GÉMINIS

Este fondo de cielo indica mucha comunicación en la familia y donde hubo una expresión libre de los sentimientos, pensamientos e ideas, al mismo tiempo que mucho movimiento, curiosidad e inquietudes. Indica un hogar lleno de cambios y movimientos, de personas que van y vienen, de traslados, comunicaciones y una adaptación constante. Posiblemente, no hayas sentido mucha seguridad, hay un grado de incertidumbre provocada por tanto cambio. En cualquier caso, las mejores herramientas con las que cuentas son tu habilidad para comunicarte y para expresarte en el ámbito social, así como gran ductilidad, inteligencia y adaptabilidad a distintas personas, ambientes, trabajos o tareas.

Signo del fondo de cielo en CÁNCER

Aquí domina la afectividad, la ternura, el cuidado y la contención. Se trata de una familia unida y cálida que ha transmitido la capacidad de querer, ése será tu mayor tesoro con este fondo de cielo. En esencia, tienes dentro de ti todo el amor que has recibido y, por lo tanto, ésa es la herramienta principal con la que cuentas. Habla también de una madre muy presente, con la que se mantiene un fuerte vínculo. Se trata de una muy buena posición para este punto, ya que Cáncer es el signo regente de esta casa, lo que garantiza un sano amor por ti mismo y quienes te rodean que te garantizará el logro de objetivos en la vida, así como la formación de tu propia familia.

Signo del fondo de cielo en LEO

Con este fondo de cielo, la persona es importante para la familia; se siente admirada, querida y reconocida, y necesita de esta admiración y reconocimiento para sentirse bien consigo misma, afirmarse, salir a la luz y brillar gracias a sus grandes capacidades. Generalmente, alude a una familia que de algún modo ha estado expuesta a la mirada de los otros, donde domina la generosidad y donde quizá hayas gozado de ciertos lujos o hayas llevado una buena vida. El signo de Leo tiende a disfrutar y a ostentar mucho, le gustan los objetos caros, vivir con comodidades y no privarse de nada. Ésa es una de las herramientas con las que cuentas para salir al mundo. Tendrás grandes ambiciones, irás tras grandes sueños, tendrás mucha voluntad y confianza en ti mismo, además de considerable vitalidad y energía para obtener lo que busques.

Signo del fondo de cielo en VIRGO

Cuando Virgo se encuentra en el fondo de cielo, su presencia es señal de un clima familiar y un hogar muy ordenado, detallista, cuidado, donde la madre y el padre se han preocupado porque no falte nada. También, indica un ámbito familiar quizá por demás exigente, donde en tanto hicieras las cosas bien, tu familia te quiso, y también un requerimiento por la perfección y el detalle, así como por cuidar mucho al otro, siempre bajo el temor del caos. Porque Virgo nos habla de ese miedo, por eso busca constantemente organizar y controlar el desorden, de ahí que trate de modo permanente mejorar y perfeccionar la materia, algo con lo que cumple a rajatabla. Es una posición interesante para el aprendizaje, el conocimiento y el perfeccionamiento personal, pero también es una posición difícil dada la exigencia que implica. En cualquier caso, te ha dado las herramientas para poner lo mejor de ti mismo en aquello que realices en tu trabajo, vocación o profesión.

Signo del fondo de cielo en LIBRA

Libra en el fondo de cielo nos informa de una familia con relaciones amorosas muy fluidas, de una cierta armonía y estética en el hogar, donde se le dio importancia a la belleza y a los sentimientos, donde el contacto entre sus miembros fue muy abierto y flexible, y también donde la familia se relacionó con otras personas externas a ella misma. Se trata de un hogar en el que estuvo muy presente la creatividad y a la vez la armonía en la convivencia, con la intención de mejorar y embellecer para disfrutar. Llevas dentro de ti una vivencia agradable y de disfrute, ahora ya internalizada. Así que cuentas con muchos recursos internos para replicar esas vivencias en el futuro, además de gran creatividad para aplicarla en ámbitos diversos.

Signo del fondo de cielo en ESCORPIO

Escorpio en el fondo de cielo alude a un aprendizaje respecto a las emociones ajenas, a la búsqueda constante por resolver conflictos y llevarse bien, a un esfuerzo natural por aprender del otro, de las diferencias, de lo que no nos agradó, de lo que fue difícil o constituyó una pérdida. Es una familia en la que han dominado las emociones intensas y el control, dado que Escorpio es posesivo pero un gran cuidador de quienes ama. Suele ser un símbolo de familias que atravesaron crisis importantes, que tuvieron que dejar algo de lado, donde hubo pérdidas o sufrimiento en algunos momentos, pero que a través de esas experiencias se hizo más fuerte. En general, Escorpio tiende a enseñarnos, nos deja en un lugar diferente, en algún punto más sufrido, pero también fortalecedor. Te enseña a ser más fuerte, a reconocer al otro, a descubrir debilidades ajenas y saber cómo lidiar con ellas. También indica compromiso por parte de los padres, quienes suministraron a sus hijos cosas básicas y estructurales. Podría existir asimismo un exceso de protección, de información, o el pasaje por crisis diversas. El fondo de cielo en Escorpio habla también de control y poder en el hogar, con autoridades presentes que nos marcaron. De algún modo, existe un aprendizaje de haber confrontado tu fuerza con el otro y de ganar liderazgo. Si en la familia te enseñaron este lenguaje algo crudo del mundo, puede constituir una herramienta muy positiva y muy favorable para tu futuro, porque estás entrenado para luchar por lo que quieres. Y sabrás ver al otro, además de contemplar con inteligencia cómo resolver obstáculos sin temor.

Signo del fondo de cielo en SAGITARIO

Sagitario en esta posición es índice de apertura, de necesidad de aventura. Nos habla de un clima familiar alegre, lleno de optimismo y espíritu lúdico, con mucha diversión en el hogar. Hay un mecanismo expansivo para enfrentar la vida, pocos límites y un espacio donde hacer muchas cosas distintas. La familia vivió en un lugar amplio o en la naturaleza, o hubo en ella figuras parentales muy idealistas y humanitarias que intentaron transmitir la alegría de compartir. También pudo haber un maestro, alguien que te enseñó a vincularte con el mundo, alguien que te transmitió que debes soñar por lo que quieres y luchar por ello. Cuentas con valores éticos y perseguirás ideales elevados. Sagitario es un signo generoso y benefactor que lucha por imponer justicia, y un fondo de cielo en este signo hará que quieras abrirte, liberarte, que constantemente te dirijas tras la búsqueda de lo que te hace feliz con creatividad y sabiduría.

Signo del fondo de cielo en CAPRICORNIO

Con Capricornio en el área de la familia, la persona creció con estructuras fuertes y orden, a la vez que muchas restricciones, cierto clima de austeridad, madurez en la familia y relaciones respetuosas. Todo ello representa valores que en algunos momentos pudieron resultar duros y difíciles, pero que la persona aprendió y asimiló para su vida. Tienes integrados como recursos personales la seriedad, la búsqueda de objetivos concretos y es muy probable que tengas tus necesidades básicas cubiertas. Puede faltar un poco de empatía y de calidez, lo que te vuelve un tanto introvertido y reservado, pero pondrás esfuerzo, responsabilidad y enorme compromiso en lo que emprendas; eso es lo que tu núcleo original te transmitió y lo que tú ejercerás.

Signo del fondo de cielo en ACUARIO

Acuario es un signo que tiende a abrir, a liberar, a desordenar, a transformar lo dado en algo distinto. Con un fondo de cielo en Acuario, la familia ha sido muy particular, muy libre, unida por la idea de compartir siendo iguales y diferentes. Es un hogar que transmitió tolerancia por ser distintos unos de otros, relacionarse a partir de palabras e ideas y una ideología común. También indica el contacto de la familia con grupos, con amigos, quizá hay mucha gente que entra o sale del hogar, cambios, y un ideario de carácter intelectual o artístico. Por lo común, a la gente con un fondo de cielo en Acuario le costará formar una familia tipo, porque su origen se contrapone con esa búsqueda. Cuentas con grandes recursos personales, inteligencia, apertura. Quizá hayas experimentado mudanzas, o provengas de una familia ensamblada o tus padres se han casado varias veces y tienes hermanos de otros matrimonios. Todo ello te llevará a buscar objetivos libres, por lo general vinculados con el conocimiento o el arte. Nada de lo que hagas será común, tenlo por seguro.

Signo del fondo de cielo en PISCIS

Piscis en el fondo de cielo representa un mundo familiar mucho más introspectivo, cerrado, emocional. El grupo familiar es estable y no se intenta abrir demasiado a otras personas por miedo a ser herido. Es un ambiente sensible, soñador, fantasioso, temeroso, con los sentimientos muy a flor de piel. En general, responde a un grupo familiar de gente que se quiere, que se cuida y se protege, pero imbuidos de cierta inestabilidad. Es posible que haya alguna persona enferma, algún tipo de reclusión, alguien que padezca de alguna adicción, o la presencia de algún problema psicológico. Con Piscis en el fondo de cielo siempre hay algún factor poco luminoso, que te obliga a enfrentar un aprendizaje sensible y en ocasiones sufriente. Pero esa enseñanza quedará. Es posible que debas lidiar a menudo con emociones profundas y distintas, que cambies de ideas de forma habitual, o de gustos, o que tus sentimientos sean algo confusos. Procura rodearte de personas seguras que te aporten orden y equilibrio para poder sentirte más confiado y mostrar tus grandes cualidades humanas.

Tu signo de revolución en el descendente (casa VII)

El descendente, ubicado en la casa VII —el área del otro o tú—, es el opuesto al ascendente, ámbito del yo o de la persona misma. El descendente es **nuestro interlocutor,** es quien nos complementa, quien nos recibe, **la ubicación en astrología que le corresponde al tú.** Es todo aquel que contacta con nosotros, con quien dialogamos y él lo hace con nosotros. Representa la reacción, la mirada, el comportamiento del otro que conocemos o con quien nos encontramos. Al mismo tiempo, ese otro del descendente es alguien importante; puede ser un compañero, un socio, por eso se dice que ésta es la casa de la pareja, del matrimonio y los amores duraderos. La relación entre el ascendente y descendente es de intercambio, de un yo te doy y tú me das en un ida y vuelta permanente cuya función es desarrollar nuestra capacidad de vincularnos. Cuanto más amigos seamos de nosotros mismos, cuanto más libres y equilibrados, mejor será la comunicación con ese otro, porque sabremos seleccionarlo y elegirlo, por lo que ese interlocutor resultará el más adecuado y, al serlo, nos ayudará a desarrollarnos. El descendente simboliza el espejo en que nos observamos, aquel que nos equilibra.

Signo del descendente en ARIES

Cuando tienes descendente en Aries, es decir, en la casa del otro, la VII, es que tienes ascendente en Libra, en la casa I, que se refiere a ti mismo. Aries en la casa VII hace que este interlocutor que buscamos, nuestro espejo, nuestro equilibrio, el que se comunica y se relaciona con nosotros tenga características arianas. Será alguien independiente, activo, creativo, vital, pasional, tiende a ser muy impulsivo, aguerrido, osado y valiente. Este descendente puede ser una pareja o un matrimonio, un compañero o un socio con mucha personalidad, más bien individualista, autónomo, alguien que sabe lo que quiere y lo consigue. Aries no es un signo fácil para emparejar, ya que es muy individualista, independiente, con una personalidad muy fuerte y a veces agresiva, por lo que no resulta sencillo negociar ni ponerse de acuerdo. Sin embargo, también es un signo comprometido, que puede llegar a mostrar gestos muy heroicos, está dotado de mucha vitalidad y es muy divertido como compañero, ya que es sumamente inquieto y todo el tiempo tiene alguna iniciativa en mente. Tu Aries en el descendente será una pareja muy estimulante para ti, ponle límites.

Signo del descendente en TAURO

Si tenemos un descendente en Tauro, es porque tenemos un ascendente en el signo de Escorpio. Un descendente en Tauro resultará para nosotros una pareja estable, que se comporta de forma tranquila y paciente en todos los aspectos, alguien honesto y leal, aunque un tanto lento a la hora de tomar decisiones. Tauro no suele apresurarse, intenta disfrutar mucho de la vida y de la persona que esté a su lado, así que Tauro es un buen signo para emparejarse. La atracción entre Tauro y Escorpio es potente, así que es muy probable que se trate de una pareja que tenderá a ser duradera y muy amante de la buena vida, del goce y la contemplación. El descendente en Tauro tiende a cuidar al otro, a contenerlo, algo que a Escorpio le viene bien. Además es sensual, amoroso, amante de las artes, bastante práctico y concreto, y muy voluntarioso. Se trata de una buena pareja siempre que se respeten mutuamente.

Signo del descendente en GÉMINIS

Si tenemos el descendente en Géminis, es porque tenemos ascendente en Sagitario. El descendente en Géminis habla de una búsqueda de una pareja, un socio o un interlocutor muy comunicador, curioso, divertido, inquieto, que estará todo el tiempo tratando de cambiar y de modificar ciertas situaciones de la vida que hacen que se mantenga encendida la llama en la pareja. Se refiere a gente creativa, que da mucho valor a las ideas y a los pensamientos, así que muy probablemente vayas a buscar una pareja, un compañero, un socio o un par, un igual, con quien puedas intercambiar ideas y pensamientos. Se tratará de personas bastante curiosas e inquietas y no serán ni posesivas ni rutinarias. Su conducta, por el contrario, será cambiante, ansiosa, no prejuiciosa, libre, abierta.

Signo del descendente en CÁNCER

Si tenemos un descendente en Cáncer, es porque tenemos a Capricornio en el ascendente. Este otro será una persona hogareña, a quien le gusta estar en familia y compartir con ella. Cáncer en esta ubicación nos anuncia que se trata de una persona en la que resalta su parte afectiva, con un rico mundo interior, que buscará establecer un lazo emocional profundo con nosotros. Al mismo tiempo, también será alguien conservador, a quien no le gustan mucho los cambios, ni pretende grandes emociones, más allá de las que están ligadas con los sentimientos y con lo más interno del mundo emocional. Cáncer en el descendente habla de alguien que en general buscará una pareja o un matrimonio, alguien que querrá formar una familia y tener hijos.

Signo del descendente en LEO

Si tienes el descendente en Leo es porque tienes el ascendente en Acuario. Un descendente en Leo buscará ser importante para la pareja, tratará de hallar a una persona a quien valore mucho y dará mucha importancia a su relación con el otro. Generalmente, se busca a una pareja, un compañero o un socio que tenga gran importancia para la vida de uno mismo. Se tratará de una persona muy generosa, vital, optimista, que suele dar sin pensar demasiado en recibir, alegre, emprendedora, con mucha iniciativa y muy creativa. Generalmente, será una personalidad fuerte, carismática, alguien que se luce, que se muestra, que consiguen ser admirado por los demás. Necesita e intentará obtener reconocimiento, llamar la atención y sentir que es adorado y querido por todos. Para conseguirlo, sabrá quererte con nobleza y pasión.

Signo del descendente en VIRGO

Si tienes el descendente en Virgo, es porque tienes el ascendente en Piscis. Un descendente en Virgo es señal de la búsqueda de una persona ordenada, metódica, disciplinada, más bien selectiva, que no se abre fácilmente a nuevas posibilidades, sino que más bien persigue perfeccionarse en sus tareas habituales y en aquello que le gusta hacer. Es alguien hogareño, que disfruta de modo profundo de estar con su familia, aunque no lo manifieste expresamente. Es una persona esmerada, que cuida su apariencia personal, su higiene, su modo de hablar y de comunicarse. Será alguien muy inteligente, detallista, centrado en conocimientos y tareas muy puntuales. Este tipo de personas suelen relacionarse con personas que les son útiles y necesarias tanto en el sentido afectivo como práctico para su propia vida. A ellas se entregará de forma profunda y leal. En el caso de un socio, se tratará de alguien que mantendrá el orden del negocio o sociedad.

Signo del descendente en LIBRA

El descendente en Libra corresponde a tu ascendente en aires. Libra es, además, el regente de esta casa, la VII, así que no cabe duda de que te sentirás atraído por una personalidad muy amable, empática, encantadora, romántica, afectiva. Será alguien que te querrá, te cuidará, te llenará de halagos y te hará sentir muy bien. Será una persona muy sociable, curiosa, de carácter más bien intelectual y creativo, a quien le gustan mucho las artes, de aspecto muy cuidado y minucioso, y gran sentido estético en todos los ámbitos. Le encantará construir un hogar ordenado y bello para sentirse a gusto y disfrutarlo contigo. Será alguien divertido que te aportará gran alegría. Libra es un signo hedonista a quien le gusta disfrutar de los placeres de la vida.

Signo del descendente en ESCORPIO

Un descendente en Escorpio corresponde a un ascendente en Tauro. Escorpio llama la atención, pero no porque se exponga, más bien atrae sin que se le note, como una fuerza magnética que te llama a acercarte. Se tratará de una persona muy sexual, atractiva, profunda y comprometida. Escorpio tenderá a ser bastante controlador e incluso podría manipular tus sentimientos en la búsqueda de ese control, ya que es muy celoso y posesivo. Intentará que el otro represente la totalidad de su mundo y él querrá convertirse a su vez en la totalidad de su propio mundo. Tratarás con una persona sensible pero muy intensa y extrema; alguien que no puede ver el mundo o las situaciones desde una posición moderada, sino que tiende a dividirlo todo en opuestos extremos. Es muy sensible y ésa será la mejor vía de comunicación que puedas hallar.

Signo del descendente en SAGITARIO

Tu descendente en Sagitario presupone tu ascendente en Géminis. Sagitario es un signo muy libre, abierto, pasional, aventurero, divertido, optimista, curioso, así que la relación será con una persona muy inquieta, con la que viajarás a lugares remotos o especiales, o te mudarás con ella al extranjero o visitarás otros países. También es posible que estudiéis juntos, que os dediquéis a la enseñanza, a alguna actividad solidaria, artística, o quizá se trate de una persona con apetencias más espirituales, filosóficas, místicas o religiosas. Es un signo muy abierto que te llevará hacia nuevos horizontes y al que no le gusta cerrarse. Así que quizá pueda tratarse más bien de un compañero o un socio, de un amigo que te haga salir al mundo y traspasar límites.

Signo del descendente en CAPRICORNIO

Si tu descendente es Capricornio, es porque tienes tu ascendente en Cáncer. El descendente en Capricornio indica que estarás frente a alguien muy responsable, serio, maduro, que sabe vivir y aceptar el paso del tiempo; alguien cuyo comportamiento se adecúa a las reglas establecidas y se comporta de un modo muy correcto y respetuoso. Será una persona más bien austera y seria, y probablemente introvertida, excepto que se halle en confianza. Constituirá la persona ideal para conformar un negocio o una sociedad, pero siempre sabiendo qué funciones específicas cumplirá cada integrante. Es estricto y severo, así que, si hablamos de formar una pareja, sólo podrá ser para mantener una relación seria y duradera, y no para establecer un vínculo superficial o frívolo.

Signo del descendente en ACUARIO

Un descendente en Acuario corresponde a tu ascendente en Leo. Se tratará de una persona libre, alguien original y diferente por naturaleza. Así que buscarás una pareja que no te agobie, que no te encierre desde ningún punto de vista ni te ponga condiciones. Será un vínculo con pocas reglas y muchos cambios. Quizá realicen actividades novedosas conjuntamente para no aburrirse, sobre todo, tareas vinculadas con el mundo de las ideas, la invención, el arte o el pensamiento. Generalmente, buscarán a personas también libres, que piensen de modo similar, que posean ideales afines, que sepan abrirse a nuevos rumbos y que no tengan miedo a los cambios.

Signo del descendente en PISCIS

Un descendente en Piscis nos habla de un ascendente en Virgo. Se tratará de una persona sensible, muy perceptiva, fantasiosa, permeable a las emociones propias y ajenas, además de dulce y soñadora. Será alguien que tenderá a ser inestable emocionalmente, que cambiará de sentimientos y que, en muchas ocasiones, no tendrá claro qué es lo que siente o le sucede. Es una persona que necesita calidez y contención, así que será como pareja alguien que te necesitará o que tenderá a depender de ti. Según lo autónoma que sea la persona, la relación puede o no volverse algo asfixiante, así que procura hallar el equilibrio como para que el vínculo sea sano y más abierto, sin caer en la fusión y el vínculo simbiótico.

CAPÍTULO VIII

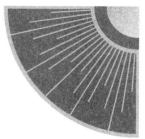

El significado de los planetas en astrología. ¿Cuál es su influencia por casas astrológicas en la revolución solar?

En este capítulo, te enseñamos a saber:

- El sistema planetario en astrología. Planetas personales, sociales y transpersonales.
- El significado de los planetas en astrología. ¿Cuál es su influencia por casas astrológicas en la revolución solar?
- ¿Qué es un *stellium* y qué importancia tiene en la revolución solar?

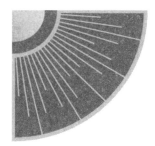

El sistema planetario en astrología

Ahora abordaremos el sistema planetario, el análisis de los planetas, su importancia y, a continuación, el significado de su ubicación en cada una de las 12 casas astrológicas. Los planetas en astrología constituyen un conjunto de cuerpos celestes a través de los cuales **exteriorizamos nuestras necesidades** físicas y humanas, que se resumen en cuatro apartados esenciales: **el pensamiento, el sentimiento, el cuerpo físico y el mundo exterior.** Las vivencias sobre el mundo exterior pueden ser de dos tipos: unas nos informan sobre el vínculo con otras personas y otras nos aportan datos sobre nuestra posición social. El mejor modo de comprender las energías planetarias no es sólo a través de explicaciones teóricas, sino percibiendo sus influjos al observar la correlación entre sucesos, vivencias y energías planetarias presentes; idea que subyace a la intención de esta obra, cuyo objetivo es que el lector pueda interpretar y correlacionar la posición de los planetas en una revolución solar con sus propias experiencias y las de su entorno cercano. Entre los 10 planetas actuales de la astrología, además de otros cuerpos celestes de menor importancia, siete de ellos corresponden a los llamados «7 planetas de la astrología tradicional», que eran los conocidos en la Antigüedad, dado que 3 de ellos fueron descubiertos recientemente (Urano, en 1781; Neptuno, en 1846, y Plutón, en 1930). Entre estos *7 planetas tradicionales*, no incluiremos a dos de ellos **–el Sol y la Luna–,** dado que nos hemos referido extensamente a ambos en los capítulos IV y V, por lo que no los abordaremos en este capítulo.

Planetas personales, sociales y transpersonales

De acuerdo al ámbito de la vida, al tipo de experiencias y a la influencia que poseen, los planetas de la astrología se clasifican en 3 grupos: **personales, sociales y transpersonales.**

- **Planetas personales –Sol, Luna, Mercurio, Venus, Marte–.** Estos planetas abarcan **vivencias del ámbito personal.** Mientras el **Sol y la Luna** simbolizan las **energías básicas de las personas** y corresponden al **arquetipo masculino y femenino**, **Mercurio, Venus y Marte** simbolizan respectivamente el principio del **pensamiento,** el del **sentimiento** y de la **acción** humanos.

- **Planetas sociales –Júpiter, Saturno–.** Con Júpiter y Saturno, que son los últimos planetas de los llamados «7 planetas tradicionales de la astrología», nos encontramos con los planetas denominados «sociales». Ambos nos permiten insertarnos e **integrarnos en el ámbito social: Júpiter,** a través de las **creencias** o la fe y del **significado de la cultura y el desarrollo humanos; Saturno,** por medio de la **aceptación de los límites** internos y externos.

- **Planetas transpersonales –Urano, Neptuno, Plutón–.** Finalmente, aparecen los últimos tres planetas descubiertos de modo más reciente, que son Urano, Neptuno y Plutón. Nos impulsan a **contactar con una esfera que va más allá de la personal y de la social;** aunque, por supuesto, repercuten también en el ámbito personal y social. Se vinculan con temas y experiencias que podemos catalogar como **trascendentes, espirituales o cósmicos,** por lo que se los llama «planetas transpersonales».

El significado de los planetas en astrología. ¿Cuál es su influencia por casas astrológicas en la revolución solar?

Planetas personales –Mercurio, Venus, Marte–

Mercurio

Mercurio, el más cercano al Sol, representa en astrología al planeta de la inteligencia, el entendimiento, la comunicación, los viajes cortos. También, está asociado con el pensamiento lógico y la capacidad de aprender, dado que facilita los procesos básicos ligados al pensamiento, como la distinción y el discernimiento. Así nos ayuda a desarrollar nuestra capacidad analítica y a crear un sistema con los contenidos que vamos conociendo y clasificando, estructurándolos de un modo sistemático para construir y desarrollar nuestra capacidad de pensar. Mercurio además nos da la habilidad de la palabra; suyo es el talento del lenguaje y la comunicación, así como el de la traducción. Esas capacidades se vinculan con su gran habilidad para hacer de mediador, ya sea entre personas, partes o áreas del pensamiento, al tiempo que aporta algo esencial, la objetividad, que nos permite observar de modo neutral. Mercurio nos enseña asimismo cómo y dónde hallar información y de qué modo procesarla y elaborarla para, finalmente, construir un sistema de ideas y creencias que representan nuestro pensamiento o visión de la realidad. De este modo, nos permite defender ideas, opinar, discutir, respaldar nuestra visión con argumentos; a veces de modo más libre y otras con seriedad y sobriedad en la expresión. Por otra parte, colabora en ofrecernos métodos para actuar y conseguir objetivos, que es el mecanismo para alcanzarlos, además de ayudarnos a desarrollar el pensamiento táctico y estratégico.

Mercurio por revolución por casas

- **Mercurio por revolución en la casa I**
 Cuando Mercurio está en la casa I, te mostrarás más interesado en comunicarte y aprender. Te sentirás más charlatán, abierto al diálogo, sentirás nuevas inquietudes intelectuales, reinará el pensamiento y el ponerse de acuerdo con el otro, el hablar, el intercambiar ideas y conocimientos. Es una buena posición. Quizá el único aspecto negativo consista en cierta tendencia a hablar de más y ser poco discreto.

- **Mercurio por revolución en la casa II**
 Es una muy buena posición para los negocios, ya que Mercurio es hábil en temas comerciales, sabe persuadir y conseguir acuerdos, y es inteligente para ganar dinero. Lograrás convencer, relacionarte bien con otros y ver la mejor forma de lograr objetivos económicos.

- **Mercurio por revolución en la casa III**
 Una excelente posición para Mercurio, dado que ésta es la casa del pensamiento, así que podrás estudiar, aprender, ampliar tus conocimientos en cualquier ámbito, te mostrarás más rápido y hábil en todo tipo de actividad intelectual. Una muy buena ubicación que te facilitará las cosas en muchos sentidos.

- **Mercurio por revolución en la casa IV**
 Te llevarás mejor con tu familia, tus padres, hijos, con tu pareja, ya que el intercambio afectivo se verá facilitado por una comunicación abierta, divertida y con sentido del humor a la vez que inteligente. Todos podrán hablar de lo que les sucede y se pondrán de acuerdo sin problemas. Será muy positivo.

- **Mercurio por revolución en la casa V**
 Una posición excelente para que puedas desarrollar cualquier tipo de actividad creativa, todo lo vinculado a la expresión y el habla se verá notablemente realzado. Te notarás más inquieto por pro-

ducir y dedicarte a desarrollar tu creatividad y talentos. Te aportará curiosidad e interés por muchas actividades y te permitirá a la vez llevarte mejor con los demás, y quizá hacer nuevos amigos.

- **Mercurio por revolución en la casa VI**
  Tu trabajo se verá mejorado, tú tendrás más interés en él, estarás más servicial, metódico y puntilloso en lo que hagas, aportarás nuevas ideas en cualquier actividad que desempeñes. Sabrás llegar a acuerdos, persuadirás a los demás fácilmente y esto redundará en una mejor posición en tu labor habitual. Excelente para obtener logros económicos y organizarte. En el ámbito de la salud, también será positivo, ya que hará que aprendas a cuidarte y a mejorar tus hábitos.

- **Mercurio por revolución en la casa VII**
  Tendrás una buena comunicación e intercambio con tu pareja, así como con tus socios habituales y con las personas importantes en tu vida. Si estás pensando en formar una sociedad, éste es el momento ideal, dado que llegarás a buenos acuerdos. Beneficia todas las relaciones cuya base sea lo intelectual, el servicio; así que te sentirás atraído por personas o llegará a ti gente con estas características.

- **Mercurio por revolución en la casa VIII**
  Estarás más activo en el ámbito sexual, un espacio en el que te pondrás de acuerdo, sabrás comunicar qué deseas y le pondrás un toque de distinción, pasión y humor. Quizá recibas alguna comunicación, aviso o se planteará algún asunto económico en relación con tu familia, amigos o socios, y si hubiera dificultades, se resolverán de buena manera, con acuerdos y una estrategia adecuada.

- **Mercurio por revolución en la casa IX**
  Se trata de una posición excelente si te dedicas a estudiar o a aprender, así como a cualquier carrera universitaria, de investigación o médica. Mercurio te aporta inteligencia y un talento espe-

cial. Tus ideales serán comunicarte, entenderte con otros y llegar a una armonía beneficiosa para todos.

- **Mercurio por revolución en la casa X**
Es una excelente ubicación para el trabajo y la profesión o tu vocación, ya que te aportará las herramientas intelectuales, de comunicación y de negociación para triunfar. Será especialmente beneficioso en el terreno de la enseñanza o el aprendizaje, ya sea en la ciencia, la educación, el periodismo, la literatura, la comunicación en general y, por supuesto, el comercio y los negocios.

- **Mercurio por revolución en la casa XI**
Verás reforzada la relación con tus amigos, con los que te llevarás mejor que nunca, ya que te mostrarás más abierto y comunicativo con ellos si no lo eres habitualmente. Muy bueno para crear en grupo, porque tendrás ideas afines a las personas con las que te relaciones o atraerás a tu vida a gente de ideas parecidas a las tuyas. Excelente para las actividades de enseñanza y aprendizaje en grupo.

- **Mercurio por revolución en la casa XII**
Sentirás la necesidad y no sabrás expresarlo, pero ese sentimiento te abarcará en lo más profundo de tu alma, de entender al mundo en su sentido más profundo. Necesitarás comprender asuntos lejanos a Mercurio, vinculados con el espíritu, el alma, el sentido de la vida y la muerte. Y Mercurio aportará luz aquí, pero no podrás comunicarlo, aunque lo desees, así que es posible que te embarguen pensamientos que no llegarás a poder transmitir, pero que te aportarán sabiduría.

Venus

Venus personifica el principio de la armonía y del equilibrio, el sentido de la forma, el principio de la estética. Nos ayuda a conciliar lo que es diferente, por esta razón, Venus es el responsable de la armonía en las relaciones. Al mismo tiempo, Venus simboliza el erotismo y la sensualidad sutil. También representa el amor, la vitalidad y la sexualidad. Corresponde al arquetipo femenino en astrología, tanto para el hombre como para la mujer. Venus rige, por otra parte, a dos signos, Tauro y Libra. En el caso de Tauro, en su aspecto más trivial o negativo, podemos observar, si es exagerado, una necesidad de acumular, de poseer bienes y personas. Por lo que se refiere a Libra, también en este aspecto más superficial de Venus, podría surgir la necesidad de querer que todos nos gusten y manifestar miedo a ser rechazado. Venus, además, representa la capacidad de equilibrar y armonizar aspectos, personas y cosas. Este planeta también nos permite ver el todo antes que las partes, el aspecto global, su forma general y su estructura. Venus capta la belleza de un modo orgánico, armónico, sin perderse en el detalle, de ahí su talento estético. Nos habla asimismo de lo que nos gusta y atrae, de lo que deseamos. En el caso del hombre, Venus aporta información sobre cómo actúa en él esta parte femenina, erótica y seductora. Si se trata de una mujer, el principio venusino nos muestra cómo se comporta ante el sexo opuesto y cómo asume su rol femenino. Muchas veces, el arte es una de las formas de canalizar la energía de Venus, ya que, en ocasiones, si provoca dificultades para relacionarse, es posible sublimar las necesidades venusinas a través del arte. Venus representa asimismo nuestra escala de valores y actuaría por tanto como principio de selección.

Venus por revolución por casas

- **Venus por revolución en la casa I**
  Venus en I te regalará sus dotes, estarás más bello, te mostrarás más elegante, encantador y armónico, te comportarás de modo amoroso y empático con la persona a la que te acerques o con tu pareja. Asimismo, te gustará rodearte de objetos artísticos o realizar este tipo de actividades y también será un buen momento para cuidar tu salud y tu aspecto en general.

- **Venus por revolución en la casa II**

  Se trata de una muy buena posición para ganar dinero y mejorar tu situación económica. Si tienes un asunto comercial entre manos, se verá beneficiado. También es un buen momento para mejorar tu estado físico. Venus es un planeta benefactor, así que ubicado en el área de los recursos económicos y personales, te aportará las herramientas para ganar dinero.

- **Venus por revolución en la casa III**

  Se dará una relación armoniosa y de amor con los hermanos. Por otra parte, sentirás placer al estudiar, aprender o enseñar, te gustará sin que debas esforzarte en realizarlo. Quizá te atraiga dedicarte a alguna actividad artística, estética o a la decoración; te resultará beneficioso.

- **Venus por revolución en la casa IV**

  Amor, equilibrio y buenas relaciones entre los miembros de la familia. Podría ser un buen momento para realizar una redecoración o embellecer el hogar. Venus en el área de la familia te pide que disfrutes, que compartas tiempo con quienes más quieres, quizá en la naturaleza, contemplando y siendo felices juntos. Es una muy buena posición planetaria para esta casa.

- **Venus por revolución en la casa V**

  Excelente posición para la casa V, dado que la diosa del arte está en el área de la creatividad, así que, seas o no artista, es el momento de dedicarte de algún modo a este tipo de labor. A la vez, si eres artista, te sentirás en armonía contigo mismo y lograrás que lo que hagas guste a tu público. Por otro lado, es una muy buena posición para las aventuras amorosas y para la diversión en el terreno sexual y vincular.

- **Venus por revolución en la casa VI**

  Se trata de una muy buena ubicación que facilitará el trabajo, ya lo realices en el hogar o en una oficina. Te aporta armonía, contigo mismo y con los demás, buenas relaciones y búsqueda del equilibrio, la belleza y el logro beneficioso en todos los aspectos. Serás más cuidadoso en los detalles y, si te dedicas a una actividad artística, ésta se verá notablemente favorecida. Muy buen momento también para mejorar tu salud.

- **Venus por revolución en la casa VII**
  Venus, planeta del amor, en el área de la pareja, resulta una excelente posición para fortalecerla, ya que no sólo habla de sensualidad y pasión, sino de amor verdadero. Si no estás en pareja, es muy probable que con este tránsito de Venus te guste alguien, te enamores y consigas entablar una relación amorosa. Si ya estás en casado o en pareja, no hay duda de que tus relaciones mejorarán. Asimismo, es una muy buena posición para elegir un socio empresarial o de trabajo.

- **Venus por revolución en la casa VIII**
  Venus en la casa del sexo indica que tus relaciones íntimas estarán coloreadas auténticamente por el amor. Asimismo, aumentará tu sensualidad y el deseo de mantener relaciones, que estarán cargadas de deseo, pero también de tiempo para relajarse, contemplarse y disfrutar del otro.

- **Venus por revolución en la casa IX**
  El ideal del amor y del romanticismo será lo que domine la casa de los ideales. Te sentirás lleno de fantasía, enamorado del amor, y con grandes deseos de entablar un vínculo que simbolizará al amor como ideal. También nos habla del amor hacia la comunidad, te sentirás llenado por el deseo del bien común.

- **Venus por revolución en la casa X**
  Dado que es un planeta benefactor, Venus en la casa de la profesión, la vocación y la salida al mundo te ofrece un muy buen momento para que te expongas, porque puedes brillar en público y ser reconocido laboral o socialmente. Las profesiones y vo-

caciones artísticas serán las más favorecidas, ya que serás deseado y admirado por tu arte. Es una muy buena ubicación astrológica para Venus.

- **Venus por revolución en la casa XI**
  Tu casa se llenará de amigos, indudablemente. Pueden ser viejos amigos de otras épocas o gente nueva que entre a tu vida. Podría también surgir una pareja en un grupo con el que te relacionas. Buen momento para concretar proyectos artísticos en grupo y en general, para cualquier otro objetivo creativo.

- **Venus por revolución en la casa XII**
  Sabemos ya que la XII es una casa con características ocultas relacionada con el alma, así que, muy probablemente, sientas amor o el deseo profundo de amar a alguien, o bien, el deseo de alcanzar cierta armonía en tu vida, o de que esa armonía trascienda al mundo de un modo más espiritual. La otra posibilidad es la presencia de amores ocultos que no quieras dar a conocer, o bien, que seas amado sin saberlo.

Marte

Venus y Marte son los planetas que simbolizan nuestra energía vital; los más ligados con la vida, la vitalidad y el deseo. De ahí que en astrología tengan tanta connotación en el ámbito personal. Marte simboliza la energía y el impulso, es el planeta que hace posible que nos afirmemos en el medio que nos rodea. Es decir, sin la energía de Marte, que es naturalmente activa y, a veces, agresiva, no podríamos exteriorizar nuestra individualidad. La enseñanza que hemos de aprender es que lo debemos hacer no es mostrar nuestro Marte en esencia pura, que es activo y agresivo, sino más bien, tratar de ser amables, empáticos y considerados con el otro. Marte sirve para iniciar, ponernos en acción, nos permite alcanzar objetivos deseados. Marte y el Sol son compañeros, ya que el Sol muestra lo que uno es y Marte aporta objetivos y nos ayuda a conseguirlos. Puede manifestar una postura defensiva, si el signo en el que se encuentra no sabe exteriorizar su fuerza. Pero, en ambos casos, estamos ante un buen soldado preparado para atacar o defenderse. Marte nos da, además, la oportunidad de evolucionar, por lo general, a través del trabajo, sobre todo, si el planeta se encuentra bien aspectado o ubicado en las casas importantes. También se vincula con la energía que nos proporciona desafíos, siempre que se produzca un estímulo adecuado, entonces nuestro motor marciano se pone en marcha y vamos hacia el objetivo deseado. Marte no tiene miedo y es impulsivo, le gusta competir y nos da ánimo, valor, capacidad de decisión y una energía desbordante. Lo más primario de Marte es la movilización de sus energías agresivas, de ahí que tienda a objetivos inmediatos, por los que pierde interés una vez conseguidos. Marte no une, sino que tiende a separar, y las relaciones terminarán rápido. Siente deseo mientras conquista, pero una vez lo ha hecho, su deseo se deshace. Así como Venus representa el arquetipo femenino, Marte representa el masculino en su afán de conquista. En el caso de un hombre se ve claramente. En una mujer con un Marte muy acentuado, se observarán comportamientos masculinos que incluirán el afán de dominio y conquista. Marte simboliza también en una mujer el tipo de hombre que le gusta y elige. Marte nos ayuda a expresar nuestros deseos, por lo que su presencia es indispensable para vivir. La necesidad de competir sanamente es una de sus buenas cualidades, porque permite conquistar logros y posiciones, nos da el valor de atrevernos y evolucionar. El signo de Aries y quienes tienen una posición destacada en la carta de Marte han nacido para ser jefes y no aceptan órdenes.

Marte por revolución por casas

- **Marte por revolución en la casa I**
  Marte posee un aspecto muy positivo, que genera iniciativas y acción, pero también promueve comportamientos muy negati-

vos, como la impulsividad, la agresividad y la violencia, así que deberás controlar los efectos negativos del guerrero del Zodíaco. Tendrás mucha fuerza, te mostrarás más valiente, emprendedor e impulsivo, con mucha vitalidad, lo cual resulta excelente para que puedas hacer lo que quieras. Pero... cuida tu carácter, porque estarás más agresivo, y suaviza tu trato con el otro, porque no te importará mucho y te comportarás de modo invasivo e impositivo.

- **Marte por revolución en la casa II**
  Muy buena posición para hacer buenos negocios y ganar dinero; ya que Marte se refiere a la voluntad, la fuerza y el poder, así que ubicado en la casa del dinero y los recursos personales, sólo puede resultar positivo y tú conseguir lo que deseas. Eso sí, ten cuidado con ser muy impulsivo, porque Marte no piensa ni reflexiona mucho, por lo que en esta área puede resultar también arriesgado.

- **Marte por revolución en la casa III**
  Una posición excelente para estudiar, pondrás mucha pasión, voluntad y fuerza para aprender o tener iniciativas intelectuales e ideas. Cuidado en tu relación con los hermanos, pueden surgir conflictos y enfrentamientos innecesarios.

- **Marte por revolución en la casa IV**
  Pondrás tus deseos en el área familiar, podrás emprender muchas actividades, habrá movimiento, actividad. También, mostrarás gran personalidad y ahí es donde debes controlarte, ya que Marte suele ser bastante imperativo y autoritario. Con un tránsito de Marte en IV, las peleas en la casa son probables.

- **Marte por revolución en la casa V**
  Mucho deseo de hacer actividades, de crear, de tener nuevas ideas y realizar actividades creativas diversas. Gran pasión y posibles aventuras amorosas, amantes y flirteos varios. También tenderás

a practicar deportes y hacer mucha actividad física. Cuídate, eso sí, de no ir demasiado a prisa, no descansar y agotarte, porque Marte en esta área hará que hagas demasiadas cosas al mismo tiempo.

- **Marte por revolución en la casa VI**
  Buena posición, ya que trabajarás mucho, sobre todo en la casa, pondrás mucha voluntad en lo que hagas y mostrarás gran iniciativa. Una excelente ubicación si eres tu propio jefe o si tienes una profesión independiente. Muy buena ubicación para liderar. Si trabajas con otras personas, ten cuidado en el trato y sé más empático con ellas.

- **Marte por revolución en la casa VII**
  Irás tras la búsqueda de una pareja lleno de deseo. Te volverás muy protector con quien ames o te atraiga y lucharás por ese amor dejando lo mejor de ti. Recuerda que donde está Marte, está puesto el deseo en la revolución solar; así que, dado que buscarás el amor como un guerrero, aprende a escuchar también el deseo del otro y no sólo vayas tras lo que tú quieres.

- **Marte por revolución en la casa VIII**
  Gran deseo sexual, serás muy ardiente y activo en tus relaciones íntimas. Procura no ser violento o agresivo, porque tenderás a serlo y debes controlar este aspecto primario de Marte, que poco de bueno te dejará si no tienes en cuenta al otro y pones límites a tus propios deseos. Querrás traspasarlos sin que nada ni nadie te importen.

- **Marte por revolución en la casa IX**
  Muy buena posición para Marte, ya que toda la fuerza de este guerrero se convertirá en una lucha heroica tras grandes ideales. También es muy recomendable para hacer algún viaje largo o para dedicarte a la enseñanza. Es muy positivo, porque realizarás muchos deseos, harás muchas actividades y todo ello estará rela-

cionado con tus sueños y deseos más elevados. Aprovéchalo para avanzar en tu vida.

- **Marte por revolución en la casa X**
  Excelente ubicación para el guerrero del Zodíaco. Obtendrás lo que buscas porque toda tu voluntad estará puesta aquí. Grandes posibilidades de éxito, sabrás competir y saldrás ganador en el ámbito del que se trate, ya que actuarás como un luchador y un líder nato. El único peligro será el conflicto con el otro, así que ten en cuenta a tus interlocutores, compañeros o socios y todo saldrá bien.

- **Marte por revolución en la casa XI**
  Te rodearás de amigos con mucha fuerza, personalidad, combativos y llenos de energía. Es posible que en el grupo al que pertenezcas haya una lucha por el liderazgo y peleas por esta causa. Evita conflictos, escucha lo que otros quieren hacer, no sólo lo que tú deseas, y huye del comportamiento autoritario.

- **Marte por revolución en la casa XII**
  Enorme energía interior guardada en la casa del alma, pero que no sale, porque aquí la energía se halla contenida. Hay una enorme fuerza interior y el deseo de generar cambios, pero es necesario recordar que ese deseo no puede expresarse. Quizá resulte negativo para ti y puede hacerte sentir mal. El mejor modo de canalizar esta fuerza es sublimándola y poniéndola al servicio de intereses trascendentes y espirituales.

Planetas sociales –Júpiter, Saturno–

Júpiter

Así como Mercurio nos da la capacidad de comprender de forma lógica y crear abstracciones, Júpiter se vincula con nuestra «mente superior» y con el enfrentarse a la verdad. El planeta nos capacita para ver lo que nos rodea como un todo, en una relación abierta y amplia con el mundo. Ahora el pensamiento y la acción adquieren un significado humano profundo y totalizador. Júpiter nos enfrenta al mundo a través de la acción, pero guiados por el corazón y el espíritu. Nos permite realizar objetivos guiados por nuestros deseos profundos y quizá sea esta facultad la que atraiga la buena suerte. No olvidemos que por eso es apodado el «Gran Benefactor». Él nos compromete con el sentido de la vida, que no sólo nos incluye a nosotros, sino a todos. Y son la motivación, la fe y el optimismo de la cooperación de otros lo que facilita el logro de metas personales. Júpiter simboliza una actitud de madurez y sabiduría ante la existencia, así como aporta bondad y expansión general, por eso promueve la riqueza y la plenitud. También simboliza la fe, la religión, la espiritualidad y la filosofía como búsqueda de la verdad. Por otra parte, se vincula con la enseñanza y los viajes. Allí donde esté Júpiter, tendremos necesidad de viajar, sobre todo, a países o regiones lejanos o remotos, pero también de viajar mental y espiritualmente, abrirnos a un mundo desconocido. Suyo es el mundo de las creencias y del optimismo, lo que lo transforma en un luchador tras ideales y en un maestro que enseña y aprende. Allí donde se halle en la revolución solar, nos señalará la forma de hallar nuestro sentido de la vida y de unirnos a una comunidad; nos ayudará a relacionarnos, a defender valores humanos y a realizar nuestros sueños. Es también un planeta importante en el ámbito individual, ya que según el signo, nos dará más sentido y plenitud.

Júpiter por revolución por casas

- **Júpiter por revolución en la casa I**
  Allí donde esté Júpiter por revolución está la suerte. Te sentirás más expansivo, seguro, confiado, generoso, tendrás gran sentido del humor y alegría. Júpiter liberará tus ideas, tu cuerpo, viajarás y ampliarás tu conciencia. En caso de que seas una persona con-

tenida, este Júpiter resultará maravilloso para ti. Pero, si eres una persona de por sí impulsiva y desbordada, debes cuidarte, porque Júpiter no tiene límites y, si tú no te contienes, esos límites te llegarán desde el exterior. Es positivo, sólo hay que respetar límites y tratar de controlar tanta energía expansiva, que a veces puede resultar negativa si no mides los riesgos.

- **Júpiter por revolución en la casa II**
  Excelente posición para Júpiter. Conseguirás dinero o ayuda para lo que necesites, ya se trate de ampliar tu negocio, profesión, trabajo o metas. ¿De qué debes prevenirte? De tener mucho dinero y gastarlo tan rápido como ha llegado. Es decir, debes pensar bien en qué haces con tu dinero y recursos, y no pecar de optimista.

- **Júpiter por revolución en la casa III**
  Podrás estudiar, continuar o comenzar una carrera, enseñar o aprender, incorporar nuevos conocimientos, así como mejorar la relación con tus hermanos. El aspecto negativo es que a Júpiter en III le costará detenerse y estarse quieto. Así que has de tener en cuenta que Júpiter no te aportará la perseverancia que necesitas.

- **Júpiter por revolución en la casa IV**
  Podrás ampliar tu casa, remodelarla, mudarte, hacer reformas. También es positivo para ampliar tu familia, tomar la decisión de tener un hijo o que entre alguien nuevo al hogar, con visitas y encuentros. Júpiter aporta valores y amor profundo, alegría, ideas nuevas, apertura, viajes, traslados, ideales. Hermosa ubicación para Júpiter en el área de tu hogar y familia, aprovéchalo.

- **Júpiter por revolución en la casa V**
  Gran posición para facilitar tu creatividad. Júpiter te dará herramientas para realizar tus actividades creativas de la mejor forma.

Ampliarás tu mundo creativo, ya sea incorporando nuevos conocimientos, agrandando el espacio del que dispongas o convocando a más personas. También es la casa de los amantes y de la diversión en general, por lo que Júpiter te llenarás de gente, actividades, amores y amigos.

- **Júpiter por revolución en la casa VI**
  Gran protección y suerte en el ámbito del trabajo y la salud, las dos áreas muy beneficiadas por la presencia del Gran Benefactor. Allí donde se encuentre Júpiter, te irá bien, así que el mensaje es simple: tendrás buen y mucho trabajo, además de buena salud, o estarás protegido si padeces algún problema.

- **Júpiter por revolución en la casa VII**
  Es muy probable que te gusten muchas personas, o que te tengas gran deseo de formar una pareja. Y es posible que tengas más de una persona como pareja o amor. Si ya estás casado o en pareja, disfrutarás de un muy buen año. Júpiter es muy divertido, generoso y afectivo; eso sí, no es muy fiel, le gusta abarcarlo todo.

- **Júpiter por revolución en la casa VIII**
  Apertura, diversificación y mucho interés en el ámbito sexual de la mano de este planeta expansivo y sin límites. Puedes esperar grandes aventuras. Y tendrás suerte en todo lo referido a temas legales o económicos vinculados con otros.

- **Júpiter por revolución en la casa IX**
  Cuando el planeta de los grandes ideales se encuentra en su propia casa, que es la IX, la que corresponde a Sagitario, su signo, te sentirás muy idealista, aventurero y darás largas alas a tu amor por la libertad. Querrás cumplir tus sueños y deseos más profundos, viajar lejos, tener una aventura, mudarte o irte a vivir al exterior. También promoverá los estudios terciarios o universitarios. Te sentirás pleno y lleno de vida. No te contentarás con la forma en la que vives y querrás más. Es muy probable también

que incursiones en temas espirituales. Gran posición si te dedicas a enseñar.

- **Júpiter por revolución en la casa X**
  Te irá bien en tu profesión o vocación y serás reconocido por tu desempeño o valores. Resulta ideal si te dedicas a alguna profesión de servicio en la que ayudes a otros o te vincules con la comunidad. Júpiter te dará suerte, oportunidades, recursos, ayuda. Ganarás beneficios y progreso.

- **Júpiter por revolución en la casa XI**
  Muchos amigos, enorme creatividad en actividades diversas, probables viajes con grupos o amigos, aventuras en grupo. Tu visión del mundo será muy idealista y te rodearás de personas afines. Lucharás por lo que quieres y tus amigos también serán así.

- **Júpiter por revolución en la casa XII**
  Esta casa estará resguardada y se trata de lo más profundo, tu alma, tu interioridad, tu inconsciente, tus emociones. Tendrás una energía interna protectora que hará que, si algo malo te sucede, no logre afectarte negativamente. Júpiter te volverá inmune a ella, tendrás una energía benefactora que te mantendrá resguardado ante cualquier problema. Y te sentirás pleno y en paz. Júpiter en XII es muy positivo y protector.

Saturno

Así como Júpiter simboliza el entusiasmo y la apertura, Saturno representa las limitaciones y su energía es restrictiva, austera, responsable y exigente. Está relacionado con la sociedad, las normas y la ley, por lo que su función astrológica es que aceptemos nuestras propias limitaciones, así como las sociales. El respeto por el prójimo, las normas, los deberes y la responsabilidad son las bases de la madurez que pide Saturno. Representa la conciencia y también está

194

relacionado con el miedo y nuestros aspectos oscuros, que nos pide integrar con autogobierno. Así nos ayuda a descubrir lo más valioso de nosotros mismos. Saturno exige también realizaciones concretas, prácticas, específicas, duraderas. Nos pide que nos ocupemos de lo que hay que hacer, de lo correcto y, dado que también simboliza el tiempo y su transcurso, el que resulten duraderas. Saturno es prudente, serio, construye estructuras fuertes, no puede hacernos ir rápido, porque lo valioso exige tiempo y esfuerzo. La astrología tradicional lo consideraba el Gran Maléfico, frente a Júpiter, el Gran Benefactor, y si bien hay que reconocer que es un planeta que genera dificultades; en realidad, Saturno es un Gran Maestro que enseña a través de restricciones. En una revolución solar, donde aparece Saturno, surgirán dificultades, límites y problemas, pero emergerá la capacidad de autogestionarse, la seriedad, la responsabilidad, el aprender a ubicarse en el lugar correcto junto a las personas adecuadas, el respeto, el ser consciente de los límites para construir algo valioso que perdure.

Saturno por revolución por casas

- **Saturno por revolución en la casa I**
  Saturno en la casa I te dará más responsabilidad y seriedad. En ocasiones, resultará positivo, ya que te permitirá afrontar obligaciones y decidir correctamente el rumbo, además de darte gran voluntad. Pero, al mismo tiempo, te generará mucha exigencia, lo que te ayudará a ser realista y concreto, pero te frenará. Así que te limitarás a pocos asuntos y tratarás de hacerlos bien. Tenderás a ser muy respetuoso y sabrás aceptar tus limitaciones con paciencia. El aspecto negativo es que, sin duda, Saturno te limitará y te dará sensación de soledad, pesadez o tristeza.

- **Saturno por revolución en la casa II**
  Tendrás la sensación de que te falta dinero o tendrás problemas económicos, o una sensación de austeridad que no te conforma.

Serás más ahorrativo y tendrás en cuenta tus gastos. Generalmente, la entrada de dinero no resulta fácil con esta posición. La casa II también se refiere al cuerpo, así que podrías sentirte más solitario, o ser menos afectivo o comunicativo, o no cuidar tu salud como debieras, o quizá no recibas afecto físico o no seas bien tratado. Cuida lo que tienes y mantén la calma.

- **Saturno por revolución en la casa III**
  Cuando Saturno pasa por tránsito en esta casa, es común que tengas problemas o dificultades para comenzar a estudiar o, si ya estás estudiando, que surja algún tipo de trastorno en los estudios. Si te dedicas a la comunicación, serás más serio en cualquier proyecto, pero no se dará de forma fluida.

- **Saturno por revolución en la casa IV**
  Se producirán restricciones en el hogar, habrá límites, quizá debido a un padre muy exigente o restrictivo, o si tú eres padre, tenderás a conducirte de este modo. Habrá sin duda una sensación de exigencia en familia y faltará calidez y afectividad en el hogar, a pesar de que aportará responsabilidad a los padres. Sin embargo, la estructura de la familia será sólida y las necesidades básicas serán satisfechas.

- **Saturno por revolución en la casa V**
  En la casa de la creatividad, la libertad y la diversión, está claro que Saturno no se encuentra cómodo. Por lo tanto, te sentirás más limitado en este campo y definirás pocos asuntos creativos o sólo aquéllos sobre los que estés seguro, o bien, hará que te dediques a una sola actividad y muy específica. Puede aportarte mayor estructura.

- **Saturno por revolución en la casa VI**
  Saturno en la casa del trabajo y la salud promoverá una sensación de austeridad, de límites a tus actividades, de mucho esfuerzo y de lentitud. Por lo que se refiere a la salud, no es que anuncie

grandes problemas, pero es posible que te sientas agobiado, no te sentirás muy lleno de energía o estarás perturbado por el trabajo.

- **Saturno por revolución en la casa VII**
  En general, no sentirás el deseo de estar en pareja, más bien lo contrario, tenderás a ser más serio y a pasar más tiempo solo, así como que pondrás muchos cuestionamientos de por medio a la hora de relacionarte. Si buscaras una pareja, algo poco probable con Saturno en VII, elegirás a alguien maduro, serio y quizá mayor que tú.

- **Saturno por revolución en la casa VIII**
  Saturno en VIII complicará cualquier situación económica en relación con otros, así como las herencias, o sencillamente no habrá movimientos en este ámbito. En el terreno sexual, te sentirás limitado y tus relaciones estarán dominadas por el respeto.

- **Saturno por revolución en la casa IX**
  Asumirás alguna responsabilidad social, o te harás cargo de resolver algún asunto que abarque a un conjunto de personas, o te interesarán asuntos vinculados con la responsabilidad en el ámbito de los ideales sociales. Saturno en IX no es idealista, así que tenderá a defender valores responsables sobre cuestiones prácticas.

- **Saturno por revolución en la casa X**
  Te costará mucho llegar a metas u objetivos planteados, ya que es muy probable que surjan dificultades. Por otra parte, si quieres cumplir tus objetivos, has de comportarte correctamente, ser muy concreto y práctico y hacerlo todo bien. Sin embargo, si actúas del modo correcto y sigues los pasos estipulados, puedes conseguir objetivos, y estos logros no serán pasajeros, sino que perdurarán en el tiempo. Te aportará solvencia, consistencia, estructura. Un Saturno en X también anuncia que puedes convertirte en un buen líder si tienes las cualidades necesarias y éxitos tras un gran esfuerzo.

- **Saturno por revolución en la casa XI**
  Un tránsito de Saturno no resultará dinamizador, pero puede hablar de un buen líder que estructura y pone límites en un grupo, o de que tus amigos tengan estas características. También podría ocurrir que tú seas el líder responsable y dentro de un grupo indiques a los demás cuáles son sus deberes. Es positivo para saber qué rumbo tomar. Estarás con personas maduras y responsables.

- **Saturno por revolución en la casa XII**
  Saturno en la casa del alma hará que no te encuentres bien contigo mismo; te sentirás gobernado por la soledad y con cierta sensación de tristeza. Es muy posible que te aísles y, a la vez, tenderás o a exigirte demasiado o a autolimitarte a ti mismo. Serás muy consciente de tus errores. Por otro lado, te aportará seriedad y responsabilidad, pero desde una perspectiva concreta, poco trascendente o idealista.

Planetas transpersonales –Urano, Neptuno, Plutón–

Urano

Así como Saturno es estable, Urano pretende un nuevo orden a través de la ruptura. Está vinculado con cambios sociológicos, políticos e históricos; pero, como sucede con los demás planetas transpersonales, esos cambios son lentos y abarcan varias generaciones, mientras que en una revolución solar nos afectan durante un año e impactan profundamente en nuestra vida. Urano es sinónimo de conocimiento, intuición, velocidad, ruptura, originalidad, invención, creatividad, inestabilidad, revolución. Las ideas y cambios se producen a gran velocidad, son abruptos e imprevistos. Urano nos hace romper radicalmente con nuestro pasado decidiendo qué debe mejorarse y lo hace de un modo casi brutal y poco objetivo. Puede ser tan genial, inventivo y original como inoportuno, brutal, excéntrico y caótico. Se vincula con la astrología, la ciencia, la electricidad, los avances tecnológicos, la informática y la libertad. Nos pide vivir libres sin importar las consecuencias y que todos puedan hacer lo mismo. Urano es rebelde, osado, valiente, intempestivo y, tras su paso, nada queda como estaba. Suele generar crisis, nerviosismo, ansiedad, cambios de humor y ataques de ira. En una revolución solar, su ubicación nos dirá en qué áreas de la vida habrá cambios.

Urano por revolución por casas

- **Urano por revolución en la casa I**
  Te sentirás muy cambiante, interesado por asuntos nuevos, vivirás experiencias por primera vez y tu pensamiento se verá renovado. Algo cambiará radicalmente en tu vida, sobre todo, si tu personalidad es ajena a Urano o a Acuario. Notarás nerviosismo, ansiedad, cambios de humor o ideas nuevas, sentirás que te aburres fácilmente e irás tras nuevas vivencias. Cuida tu carácter y reacciones, es común que puedas tener enfados violentos y poca paciencia. Estate atento a los posibles cambios, porque no siempre que deseamos hacerlos es posible, así que mantén la calma y evita cualquier decisión drástica. Busca momentos de reflexión y esparcimiento.

- **Urano por revolución en la casa II**
  Si tienes dinero, con un tránsito de Urano, puedes perderlo; o bien, a la inversa, atravesar de repente una buena racha. Donde está Urano, tienes y no tienes, o ambas cosas al mismo tiempo. También puede sucederte que quieras hacer cambios repentinos en tu vida o en el trabajo sin mucho análisis. Trata de ser reflexivo y valorar si debes apostar por el cambio o si es mejor ser paciente y cuidar lo que tienes.

- **Urano por revolución en la casa III**
  Tus opiniones y pensamientos variarán fácilmente, así que deberás evaluar qué piensas y dices. Si estuvieras cursando alguna carrera o estudio, tendrás ganas de dejarla y probar con otra distin-

ta. Urano le dará brillo a tu mente y nuevas ideas, ya que lo suyo es la creatividad espontánea y la intuición. Es probable que haya cambios en la comunicación con tus hermanos, a los que sentirás raros o cambiantes.

- **Urano por revolución en la casa IV**
Emprenderás algún cambio rotundo en el ámbito familiar. Puede darse en temas superficiales o profundos. Quizá uno de los miembros de la familia con características uranianas tome decisiones sorprendentes, o haya nuevas personas que entren al hogar, o llegadas y salidas intempestivas de gente que va y viene. Es muy probable que alguien deje el hogar o que la familia decida un residir en otro sitio. La mudanza es algo típico con un tránsito de Urano en esta casa.

- **Urano por revolución en la casa V**
Muchas ideas y el deseo de realizar actividades nuevas, además de enorme creatividad. Urano en la casa V es una muy buena posición, ya que un planeta lleno de libertad está en un área donde la libertad gobierna. Eso sí, Urano también cambiará aquí actividades, intereses o vocaciones; bien porque tomas otro rumbo, bien porque decides modificar algún aspecto de lo que haces. Generará crisis y es posible que sea necesaria y marque un inicio hacia el futuro; pero reflexiona sobre el valor de lo que abandonas o dejas de lado.

- **Urano por revolución en la casa VI**
Con Urano en el área del trabajo, es muy probable que cambies de labor, que te dediques a otra cosa, o modifiques tu método de trabajo. Dado que ésta también es el área de la salud, es muy probable que te notes más ansioso e inquieto. Busca momentos para relajarte, cuidar tu mente y hacer actividad física.

- **Urano por revolución en la casa VII**
Ésta es el área de la pareja, de tomarse en serio a alguien y compartir la vida de algún modo, sea en el amor, el trabajo o en otras

actividades. A Urano, ninguno de estos asuntos le interesan, excepto pasajeramente. Pueden suceder dos cosas: o querrás cambiar de pareja, o promoverás cambios para que la relación sea distinta.

- **Urano por revolución en la casa VIII**
Urano en la casa de la intimidad y la sexualidad generará encuentros sexuales intermitentes; sucede algo y deja de pasar, la pasión se puede encender repentinamente y apagarse del mismo modo. Cuando Urano afecta las llamadas casas del alma, como la IV, la VIII y la XII, resulta un planeta complicado que te moviliza de modo extraño, ya que provoca algo caótico, raro, cambiante. Pasará, eso representa Urano, el cambio que pasa.

- **Urano por revolución en la casa IX**
Querrás cambiar lo que hacías o estarás a disgusto. No es una mala posición para Urano, porque nos hace avanzar hacia lo nuevo, pero genera ansiedad y cierta angustia respecto al futuro. Sin embargo, si tienes una personalidad uraniana o eres de Acuario, Urano te dará el puntapié inicial para cambiar de rumbo. El problema con Urano es que rompe, destruye, se aleja, es abrupto; no permite establecer un equilibrio entre la vida que tienes y la que deseas. Es importante además en una casa también vinculada con los viajes y los estudios. Cuidado con tus decisiones.

- **Urano por revolución en la casa X**
Pueden darse dos opciones: o cambias de profesión, o bien cambiarás tú en tu forma de actuar y así lograrás ser reconocido por tu conducta diferente, que podría darte reconocimiento. De ambas formas, habrá ruptura y transgresión. Puede ser muy positivo, porque hará surgir una energía que se atreve y logra, pero también puede resultar conflictiva, ya que generará la necesidad de destruir una trayectoria o un comportamiento habitual. Si logras hacer las cosas bien, alcanzarás el éxito, pero sólo haciendo algo diferente y nuevo.

- **Urano por revolución en la casa XI**

  Es una buena posición para la casa XI de Acuario, el signo al que rige Urano, porque aquí el planeta está en su propia casa. Nos habla de avances y logros que se consiguen por consenso. Lo único negativo radicará en que los proyectos comunes pueden ser algo disruptivos o poco realizables. También podría suceder que la actividad creativa de carácter grupal sea muy vanguardista y no resulte comprendida.

- **Urano por revolución en la casa XII**

  Urano en la casa XII representa la necesidad interior de modificar aquello que no te agrada con el fin de ser mejor persona. Pero no será una influencia positiva, sino molesta, ya que te generará gran inestabilidad. No es que su influencia no tenga un contenido valioso, sino que la fuerza de Urano no resulta conveniente en un área donde su influencia no puede ser expresada, lo que genera mucha tensión. Podría resultar positivo a medio o largo plazo, pero no es seguro. Trata de relajarte, de estar con gente que te quiera y de hacer actividad física.

Neptuno

Neptuno, regente de Piscis, establece una relación entre el yo y el resto del mundo en un movimiento que busca la fusión con el todo. Disuelve los límites que nos separan y nos identifica con lo otro, los otros, el todo y con la disolución del yo. También se relaciona con el inconsciente y el mundo onírico, un espacio en el que no podemos distinguir realidad de ilusión, algo propio de la naturaleza neptuniana y un punto de alerta según la casa en la que esté ubicado. Neptuno unifica a través de un lenguaje simbólico y espiritual, vinculado con los contenidos inconscientes. Por esta razón, el ego tiende a no prevalecer y la persona suele entregar su vida por otros. No les gusta expresar sus emociones, porque se sienten culpables, de ahí que siempre ayuden y se pongan en el lugar del otro. Por eso es difícil para Neptuno y su signo, Piscis, reconocer qué necesita y desea, por eso es habitual en las personas neptunianas que se confundan, no tengan límite, se angustien o sientan miedo. Neptuno es el planeta de la fantasía, de los deseos inconscientes, del amor. Todo lo neptuniano está teñido por una visión muy subjetiva. En un tránsito de Neptuno, uno se sentirá más permeable, más receptivo, más sensible, pero confuso. No sabrás bien qué te sucede o qué debes hacer, ya que Neptuno no sabe discriminar ni elegir. Por eso es importante que reconozcas qué es lo que te gusta, qué quieres tú, qué te hace sentir bien y mal. Neptuno facilitará actividades artísticas y humanitarias, éste es el mejor modo de concretar su deseo de ayudar. Un tránsito de Neptuno suele resultar desestabilizador. Cuídate, sobre todo, en el ámbito material y emocional.

Neptuno por revolución por casas

- **Neptuno por revolución en la casa I**
  Estarás más fantasioso, sensible, lleno de ilusiones y te sentirás fluir sin problemas en tus proyectos y relaciones. No podrás ver qué es real, así que puedes ilusionarte mucho por cualquier asunto o persona, pero confundirte fácilmente. Neptuno es excelente para realizar actividades artísticas o humanitarias y ayudar a otros, hace que te expreses de modo sensible, intuitivo, perceptivo. Esto es lo positivo, lo negativo es que no sabrás distinguir realidad de ficción.

- **Neptuno por revolución en la casa II**
  Debes tener mucho cuidado, porque puede ser que el dinero entre y fluya, pero que también se vaya. Así que resguarda bien tus posesiones y fíjate con atención cómo lo gastas. Asimismo, es probable que seas víctima de estafas, engaños o robos, debido a la ilusión y confusión que aporta Neptuno. En esta casa, que representa las tenencias, los recursos y el cuerpo, Neptuno puede hacer que pierdas lo que tienes.

- **Neptuno por revolución en la casa III**

  Es probable que no sepas qué quieres estudiar. Puede que exista una ilusión sobre algún tema, pero es probable que te arrepientas o cambies de idea. Es importante que reflexiones al tomar decisiones. De hecho, con tránsitos de Neptuno, es mejor no decidir. Si estás ilusionado con un estudio o proyecto, condúcete de forma limitada y pausada, y ve etapa por etapa. Es excelente para actividades humanísticas, artísticas, solidarias, espirituales y para la comunicación. Te dará sensibilidad, intuición y percepción. No es un mal tránsito, pero cuida lo que dices.

- **Neptuno por revolución en la casa IV**

  Neptuno en la casa de la familia hará que las relaciones en el hogar se transformen en un vínculo caótico y simbiótico. Puede que estén todos muy juntos sin dar lugar a la necesaria autonomía. Habrá un clima agradable, fantasioso, lleno de ilusión y amor; pero también se dará una mezcla confusa de sentimientos. Lo importante es que sepas que te costará poner orden y aclarar roles. Estate prevenido y no hagas sacrificios por quienes amas. Trata de ser realista, independiente y ordenado.

- **Neptuno por revolución en la casa V**

  Neptuno te ofrecerá apertura, sensibilidad, creatividad; él te dará herramientas que te permitirán sublimar tus emociones a través del arte. Tenderás a ser muy idealista, harás muchas actividades y todo adquirirá un tono espiritual y profundo. Pondrás mucha ilusión en tus obras, ya que te sentirás como enamorado, así podrás dejarte llevar y crear. Sólo evalúa si es posible hacer lo que quieres y si tienes los recursos.

- **Neptuno por revolución en la casa VI**

  Podrás resolver y realizar actividades, ya que Neptuno multiplica ilusiones y deseos, pero no verás la realidad tal cual es. Y, dado que esta área habla de cuestiones concretas, puede resultar arriesgado. Así que trata de reflexionar a la hora de tomar decisiones o espera a un mejor momento. Puede que no sepas qué hacer, o que te dediques a una actividad que luego no funcione. Cuida tu salud, tenderás a padecer adicciones o a descuidar hábitos básicos.

- **Neptuno por revolución en la casa VII**
  Si estás buscando pareja, es muy probable que sientas que la has encontrado. Idealizarás al ser amado de modo exagerado y sólo verás a la princesa o el príncipe de los cuentos de hadas. Podrás disfrutar de un año maravilloso, pero quizá sea un encantamiento pasajero. Podrías enamorarte de más de una persona.

- **Neptuno por revolución en la casa VIII**
  Estarás muy abierto a entablar relaciones, así que es un buen planeta para intimar, enamorarse y dar rienda suelta a tus deseos. Como la VIII se refiere, entre otras cosas, al sexo, ésta es una buena posición; pero no habrá límites, por lo que deberás cuidarte y analizar con quién te vinculas.

- **Neptuno por revolución en la casa IX**
  Tendrás ideales sociales, necesitarás sentir que quienes te rodean se sienten bien y querrás que todo el mundo disfrute de las mismas posibilidades. Habrá mucho idealismo y deseos de aprender, de conocer otras personas y de viajar. Neptuno en IX es una muy buena posición para tratar de cumplir tus sueños. El único aspecto negativo es que sean imposibles. Evita, por tanto, ilusionarte por demás y trata de ser realista. A pesar de ello, es una buena posición.

- **Neptuno por revolución en la casa X**
  La presencia de Neptuno te aportará ilusión y deseos de concretar proyectos, pondrás el corazón en aquello que emprendas y todo fluirá fácilmente. Pero recuerda que Neptuno confunde, así que lo más importante será tener en claro qué quieres hacer y hacia qué meta te diriges. Sé muy cuidadoso con tus decisiones. Si sabes con seguridad datos y recursos necesarios y qué rumbo

tomar, posiblemente puedas realizar lo que buscas. Sin embargo, la recomendación general es no tomar decisión alguna sobre tu carrera, vocación o profesión con Neptuno en esta casa.

- **Neptuno por revolución en la casa XI**
  Te rodearás de muchos amigos de ideas afines y Neptuno facilitará tareas solidarias, sensibles, espirituales o religiosas en las que el prójimo sea importante. Es una buena posición y el único problema quizá consista que los grupos o amigos no tengan límites y te sientas un tanto desbordado, por el desorden, descontrol o que falte un líder.

- **Neptuno por revolución en la casa XII**
  Aquí Neptuno se encuentra en su propia casa, dado que está regida por su signo, Piscis, por lo tanto, es la posición por excelencia. Nos habla de una comprensión totalizadora y espiritual. Podrás soñar, sentir, conectarte con lo más profundo del corazón y del alma. Debes cuidarte de quedar encerrado y recluirte. Te sentirás especialmente introspectivo, sensible, muy emocional y desarrollarás probablemente capacidades psíquicas, intuición, o tendrás sueños premonitorios.

Plutón

Plutón es la energía más difícil de interpretar, dado que se enfrenta con la escala de valores sociales aprendida, de ahí que sea considerado negativo o maléfico. Plutón representa una exigencia de transformación, algo tiene que morir para volver a nacer. Esa transformación se produce a partir de la destrucción de la forma externa de la materia –trabajos, relaciones, equilibrio, intereses, estudios, una situación dada, etc.–, hecho que genera una gran cantidad de energía –ya sea anímica, mental o espiritual–. Como consecuencia, produce en la persona una nueva receptividad psicológica que le permitirá crear una nueva materia con forma diferente y la consiguiente transformación. Dado que los cambios que genera Plutón suelen ser drásticos, radicales y profundos, esto produce miedo, inquietud y angustia, que se traduce en una sensación de amenaza. Por otro lado, Plutón alude a las partes más oscuras y deseos inconscientes menos luminosos, por lo que una energía de Plutón por revolución indica que seremos más oscuros y que percibiremos lo que nos desagrada de otros y del mundo. Seremos más intensos, controladores, posesivos, buscando el poder, desconfiando de la persona que queremos y manipulando situaciones. Uno de los modos en los que Plutón puede desarrollarse de forma positiva es identificarse con una causa y luchar por ella. Asimismo, se vincula con la energía sexual y el orgasmo, que conecta la sexualidad con la pérdida de conciencia y, simbólicamente, con la muerte y el renacimiento a través de la fusión con el otro. El modo positivo en el que Plutón puede ser canalizado es a través de la creación artística, que nos permite sublimar impulsos destructivos. Donde está Plutón por revolución, hay que tener cuidado, al igual que con Urano, dado que pueden afectarnos negativamente. No sucede así en una carta natal, dado que al ser planetas lentos, esas transformaciones se irán viendo a lo largo de una vida; mientras que en una revolución se producirán durante un año y su impacto será mayor.

Plutón por revolución por casas

- **Plutón por revolución en la casa I**
  Serás más emocional, intentarás transformar aspectos de tu vida y querrás medir tu poder en relación con otros. Te mostrarás más manipulador, impositivo, controlador, celoso y posesivo. En relación al trabajo y el mundo social, desearás tener todo bajo tu dominio. En lo personal, contarás con muchísima energía, querrás abarcarlo todo, serás un luchador tras lo que deseas. Eso no sería negativo en sí mismo, excepto que no logres lo que buscas, porque en este caso, intentarás destruirlo para construir algo nuevo. Plutón en el ascendente aporta mucha intensidad, así

que te sentirás intranquilo. Te mostrarás más combativo en tus vínculos y en el logro de deseos.

- **Plutón por revolución en la casa II**
Tendrás gran necesidad de poseer cosas, de acumular, de no perder, y pueden suceder dos situaciones opuestas. Una, que lo consigas, porque tu energía está puesta en ello; generalmente, se tratará de cargos de poder, de ascensos en tu trabajo o de esforzarte para obtener más ganancias. La segunda probabilidad es que se produzcan pérdidas, que los obstáculos o dificultades hagan que pierdas dinero o bienes. Un Plutón en II también anuncia cierto nivel de maltrato al cuerpo o de descuido, ya que Plutón se vincula directamente con el dolor. Trata de cuidarte y de relajarte.

- **Plutón por revolución en la casa III**
Podrás estudiar y comunicarte bien, pero carecerás de suavidad. Cuida la relación con tus hermanos. Puede que elijas un estudio que te haga sentir pleno, pero podrán surgir conflictos en la escuela, que algo de tus estudios no te guste o que los abandones. Evita tomar decisiones drásticas.

- **Plutón por revolución en la casa IV**
Probablemente, surgirá algún conflicto de poder, quizá vinculado con una figura del hogar con mucha autoridad. Es posible también que se produzca alguna pérdida. Asimismo, pueden aparecer de pronto asuntos ocultos o escondidos que cambien el funcionamiento de la familia. En general, Plutón generará dificultades en el hogar.

- **Plutón por revolución en la casa V**
Te dedicarás a alguna actividad distinta o modificarás aquella que realices. Generalmente, es un buen tránsito para crear, porque genera movimiento interior, emocionalidad, además de que te aporta capacidad de transgredir. Ten cuidado con qué descartas o alejas de tu vida.

- **Plutón por revolución en la casa VI**

  Tendrás que cuidar tu salud, es muy probable que algún problema te inquiete y te tendrás que ocupar de él. Por lo que se refiere al trabajo, manifestarás gran necesidad de poder, control, de tener todo bajo tu dominio. Podría haber conflictos con tus compañeros o jefes. Será más positivo para labores independientes, puede irte muy bien, ya que lucharás con fuerza por lo que quieres. Es probable también que cambies de trabajo o que lo pierdas. Estate prevenido.

- **Plutón por revolución en la casa VII**

  Intentarás controlar, dominar a quien amas y decirle qué debe hacer. La energía de Plutón es muy intensa y apasionada, por lo que intentarás llegar a lo más profundo en tu relación, así que es muy probable que surjan nuevos conflictos o que reaparezcan problemas del pasado u ocultos. Es un tránsito difícil para el vínculo amoroso y en ocasiones puede producir separaciones.

- **Plutón por revolución en la casa VIII**

  Podrías disfrutar de una relación fantástica, de gran comunicación y unión, que resulte transformadora y en la que puedas hablar con el otro en un mismo lenguaje; pero también puede haber dolor y sufrimiento, o tener que atravesar una crisis profunda para luego resurgir. Por lo que se refiere al ámbito sexual, Plutón te hará mostrarte muy deseoso y apasionado, con gran intensidad y el deseo de fusionarse con el otro. Se trata de un tránsito muy intenso en una casa también muy intensa.

- **Plutón por revolución en la casa IX**

  Te propondrás nuevos ideales, sueños y proyectos. Gran intensidad puesta en los cambios, en profundizar sobre nuevos senderos y sentido para tu vida. Pasarás un año un tanto complicado, ya que Plutón suele generar crisis personales, sentir que no sabes qué te sucede, o no estar conforme con nada. También podrías convertirte en un guerrero de las ideas o en un militante político.

Es interesante como tránsito, pero será difícil para ti, te rondarán ideas trascendentes y dolorosas.

- **Plutón por revolución en la casa X**
  Es muy probable que obtengas reconocimiento y logres lo que buscas. Sin embargo, no debes descartar conflictos, tensiones y problemas, puedes hacerte enemigos innecesariamente. Te cuidado y reflexiona. Plutón en esta casa es una posición complicada y puedes llegar a tener pérdidas en este ámbito importante de la vida.

- **Plutón por revolución en la casa XI**
  Plutón en XI habla de amigos combativos, poderosos, que te guiarán en algún sentido. Puede haber conflictos con un buen amigo, o con formar parte de algún grupo de poder, con personas influyentes o dinero que te ayudarán. También, podrías formar parte de un grupo con algún objetivo creativo o social. Evita entrar en peleas y conflictos.

- **Plutón por revolución en la casa XII**
  Ubicado en una casa del alma, Plutón generará en ti una sensación de pérdida, de cierta angustia o una necesidad de control sobre los demás. La sensación será de soledad, tristeza y, a veces, de enojo. Dado que no podrás expresarlo, aumentará tu nerviosismo, ya que sentirás un volcán dentro de ti a punto de estallar. Tendrás la sensación de atravesar una gran transformación personal y querrás cambiar algo de tu vida, pero no podrás. La transformación llegará más adelante, pero la sensación de desagrado sea más fuerte que todo lo demás.

¿Qué es un *stellium* y qué importancia tiene en la revolución solar?

El *stellium* (del latín, *stella*, «estrella») es un conjunto de planetas que se encuentran juntos en una misma casa astrológica. En astrología se lo toma en cuenta en una carta, dado que potencia las cualidades de los planetas. También, podemos hablar de *stellium* cuando varios planetas se hallan en un mismo signo. Está en discusión qué cantidad de planetas forman un *stellium*. En principio, hablamos de un mínimo de 4, a una distancia máxima entre sí de 5 grados. Pero 3 planetas en una misma casa también constituyen un elemento relevante. ¿Qué podemos señalar sobre el significado del *stellium*? Si los planetas involucrados tienen características positivas, su presencia potenciará su energía. Por ejemplo, un *stellium* del Sol, Venus, Mercurio y Luna, fomentarán la sensibilidad, la dulzura, el encanto, el arte, el buen gusto, la fantasía, la intuición; es decir, al estar presentes en una misma casa astrológica, suman intensidad y cualidades, en este caso, benefactoras. Ahora bien, si se forma un *stellium* de planetas complicados, juntos también potenciarían las dificultades que representan. Por ejemplo, un *stellium* de Marte, Plutón, el Sol y Urano, aunque posea cualidades positivas muy potentes y cautivantes, es preocupante, dada la cantidad de energía acumulada en esa área. Sobre todo, es importante analizar los *stelliums* cuando están ligados con los planetas personales, el Sol, la Luna, Mercurio, Venus y Marte. Si todos ellos se hicieran presentes, eso afectará directamente a la persona. Y, si se combinaran con un planeta transpersonal, por ejemplo, el Sol, Marte, Venus y Neptuno. En este caso, habrá una contradicción de energías, porque, por un lado el Sol se hará ver, por otra parte, saldrá a luchar, a su vez, Venus tendrá capacidad empática y de recepción, mientras que Neptuno aportará fantasía. Hay muchas combinaciones posibles. Lo fundamental es observar la combinación de energías de planetas poco benévolos o benefactores, como, por ejemplo, Marte, que tiene características ambiguas, o Plutón, Urano y Saturno que, si se juntan entre sí, constituirán una energía difícil y muy potente.

En cambio, si se unieran planetas benévolos, como Venus, Júpiter, la Luna, Mercurio y Neptuno, fomentarán fantasía, idealismo, sensibilidad. Hay muchas opciones posibles y lo importante es analizar la naturaleza de los planetas, su concordancia, si producen efectos positivos o negativos y qué podría resultar de la unión entre ellos. Un ejemplo destacadamente positivo podría ser el del Sol, con Neptuno, Júpiter y Venus, una combinación ligada con el amor, la fantasía, la alegría, el optimismo. Un *stellium* complicado, por su parte, sería, por ejemplo, el del Sol, Urano, Plutón y Saturno. Donde están Urano, Plutón y Saturno juntos hay problemas, energías raras y muy potentes todas. Habrá mucho caos, cambios, restricciones, dureza, austeridad. Algunos *stelliums* más neutrales, ni positivos ni negativos, podrían estar formados, por ejemplo, por el Sol, Marte, Saturno y Júpiter, ya que podría resultar muy positivo por un lado, debido a la presencia del Sol y Marte, que son planetas personales, junto a Júpiter que es muy expansivo, mientras que hay un Saturno que pone restricciones. Aquí se mezclan energías distintas y contradictorias. Para hacer un análisis, habría que estudiar detenidamente los aspectos y analizar qué otros elementos de la revolución solar refrendan o modifican el significado del *stellium*. En astrología, los factores siempre deben repetirse al menos más de dos veces para poder asegurar que existe una tendencia clara en uno o en otro sentido.

CAPÍTULO IX

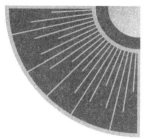

Ejemplo de interpretación de una carta de revolución solar

Llegamos al final del viaje en nuestra revolución solar. A continuación, un ejemplo de lectura detallada de la carta de revolución que figura al comienzo de esta obra. La revolución solar corresponde a la autora de este libro, que es astróloga profesional desde su juventud. Como señalamos, normalmente las cartas de revolución suelen realizarse para saber cómo nos irá el próximo año que, como dijimos, astrológicamente abarca el período anual entre el cumpleaños de un año y el siguiente. Pero, también, puede realizarse sobre cualquier otro año, ya sea del pasado o del futuro. El ejemplo que abordaremos es una revolución del año 2010, un momento importante de cambios en la vida de Carolina. Veamos cómo la interpreta.

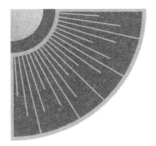

Ejemplo de interpretación de una revolución solar

Antes de referirme a esta revolución solar, haré una síntesis sobre cómo leer una carta de revolución. En primer lugar, hay que observar la carta como un todo concentrándonos en dónde están ubicados los elementos más importantes. Esto lo haremos dividiendo la carta en cuadrantes y observando si hay más planetas en la parte inferior, en la superior, a la izquierda o a la derecha. Si la carta tiene más planetas en la parte inferior, el camino que señala la revolución será más introspectivo, más dirigido hacia el interior y el origen de la persona; si la zona con más información planetaria corresponde a la parte superior de la carta, ese camino se vinculará más con objetivos, metas e ideales, con los otros, y estará más dirigido hacia exterior. En el caso de que haya más planetas en la parte izquierda de la revolución, nos habla de la comunidad y los grupos, de los asuntos del alma, de la propia persona y sus recursos y conocimientos; mientras que si vemos mayor cantidad de planetas posicionados en el margen derecho de la revolución, indicará la importancia del trabajo, la salud, la creatividad, los vínculos con el otro y los ideales.

En mi carta de revolución, como vemos, la mayor cantidad de planetas y, por lo tanto, la energía planetaria, se halla concentrada en aspectos interiores, un camino que como veremos me vinculaba con mi familia, mis afectos, mis estudios, mis pertenencias, mis actividades y mis elecciones. En segundo lugar, analizaremos el ascendente, porque es quien representa cómo será el año. En este caso, el ascendente en Sagitario habla de una persona que tiene ánimo de expandirse, de viajar, cambiar, valorar otros aspectos de su vida. Seguiremos en tercer término observando dónde está ubicado el Sol y dónde está la Luna, en qué signos se encuentran y en qué casas astrológicas, sobre todo, en qué casas. En este caso, como observamos, destaca la casa IV con varios planetas importantes ubicados allí, lo que constituye información relevante. Al analizar una revolución, es esencial hacerse preguntas, tener en claro qué es lo que queremos saber, qué nos interesa, qué haremos, a qué vinimos, si vamos a trabajar, si tendremos hijos. Es fundamental, dado que las preguntas sirven para ordenar la interpretación de una revolución. Siguiendo con el orden de análisis, otro elemento simultáneo a tener en cuenta es la repetición o la simultaneidad de datos, sea de planetas en un mismo signo o de planetas en una misma casa *(stellium)*. En este caso, el signo es Acuario, más importante aún, dado que yo soy de Acuario, y es en la casa es la IV donde están ubicados el Sol, Neptuno, Quirón y Venus, todos en el signo de Acuario. Eso me indica que tendré toda la energía puesta en el área de la familia, y sumado a otros elementos que veremos en el signo de Acuario, quien ya anuncia cambios por sí mismo y de carácter imprevisto. En cuarto lugar, hay que analizar uno por uno los planetas y observar en qué casas se hallan. Ya vimos la importancia de la presencia varios planetas en la casa IV. Además, tendremos en cuenta la posición de Mercurio y de la Luna en la casa III, lo que nos habla del conocimiento y del estudio, algo llamativo en este caso, dado que regresaba a mi país por poco tiempo. El otro planeta que llama la atención es Plutón en la casa del dinero o las tenencias, lo que anuncia pérdidas y dificultades, sumado al hecho de que está muy mal aspectado, es decir, en mucha tensión con otros planetas. Concretamente, con

Marte en la casa IX, que representa la acción, la energía y los viajes; pero también, al hombre en la carta de una mujer, y que además se encuentra mal aspectado con Venus, que me representa a mí como mujer, además de a mis afectos –tema destacado en los hechos que relataré–, y a la vez, en cuadratura con Saturno en la casa XI, la de los grupos, el ámbito social y los amigos. Para concluir, observaremos finalmente los aspectos entre los planetas, es decir, si la energía entre ellos fluye con facilidad o con tensión, lo que implica que las casas y áreas en que estén ubicados se verán afectadas. En esta carta hay varias cuadraturas que son importantes, como ya adelanté, dato que anuncia dificultades en esas áreas de la vida implicadas.

Interpretación

A continuación, analizaré esta carta de revolución solar. Corresponde al año 2010. Soy argentina y viví en Madrid durante diez años. Ese año regresé a mi país de origen para ver a mi familia después de cinco años. Fui a residir a casa de mi madre, en Buenos Aires, donde me hospedaría. Entonces me hice la revolución solar que comparto con vosotros, queridos lectores, una carta que me impresionó y de la cual me llamaron la atención varios aspectos. La utilizaremos como ejemplo y síntesis interpretativa de todos los contenidos que hemos analizado a lo largo de esta obra. Como señalé, primero observamos el ascendente o casa I, que es la que nos representa a nosotros mismos. En la carta puede verse que el ascendente es Sagitario, signo que se vincula directamente con los viajes, de hecho, estaba viajando. Lo segundo que me llama la atención en esta carta es la posición del Sol, que se encuentra en la casa IV, la de la familia. Así que el ascendente está en Sagitario, casa I y el Sol en Acuario, mi signo, en la casa IV, que representa a mi familia, y tiene a la Luna, que es el tercer factor en importancia, en la casa III, en el signo de Capricornio. Estos tres factores ya me ofrecen un perfil general del año: iba a viajar, haría algo afectivo vinculado con mi familia y también con el conocimiento, quizá con estudios o un nuevo aprendizaje, algo extraño para alguien que viaja por poco tiempo. Lo primero que me sorprendió fue tanta presencia planetaria en la casa IV. La casa IV es la casa del hogar de origen. Era claro que aquí estaría toda mi familia, porque el Sol está ubicado allí y el Sol soy yo misma. La ubicación del Sol indica que allí me encontraría feliz, que allí hallaría mi esencia. Ese Sol está en conjunción con Neptuno, un buen aspecto. Neptuno representa la fantasía, la ilusión, el cuidado hacia los demás y, también, el sacrificio, el hacer algo que no tenga que ver sólo con uno mismo, sino con otros. En este caso, se refiere al cuidado necesario que debía a mis hijos pequeños, que viajaban conmigo, y el cariño que me unía a mi familia de origen. Neptuno representa la falta de límites, eso supone la probabilidad de que estuviéramos todos juntos, y así fue, todos vivimos en la casa de mi madre de modo bastante ajustado, con mi marido, mis hijos y yo misma. Por otra parte, donde está Neptuno se produce una revisión, ya que el planeta tiene un sentido espiritual vinculado con el alma; es decir, para mí este viaje era muy importante, lo que era cierto, era un viaje muy emocional, ya que hacía cinco años que no veía a mi familia, a la cual me siento muy unida. Por otro lado, en la casa IV también se encuentra Venus, que representa el amor, la belleza, la alegría, lo que significa que, evidentemente, estaban esperando mi llegada con afecto, que deseaban mi presencia. En la casa IV también hallamos a Júpiter, que simboliza el lugar en el que uno cae bien posicionado en la carta. Un Júpiter en IV es señal de que no faltará dinero, ni diversión, ni alegría; hay una energía expansiva, que relaciono con el que todos pudiéramos estar en el mismo lugar, la casa de mi madre, y que pudiéramos ser felices, compartir, tener ideales afines. Asimismo, en la casa IV encontramos a Quirón, planeta que no mencionamos a lo largo de la obra. Quirón se vincula con el remediar, con sanar a partir de los hechos una herida para sentirse bien. Simboliza una herida o una grieta existencial que uno debe resolver y zanjar. Dada su posición, su presencia podía referirse a algún tema pendiente por resolver con mi familia, con mi hogar de origen, algo verídico, ya que hacía cinco años que no los veía y de algún modo dejar a mi familia para irme a vivir a España supuso una separación. Toda esta información planetaria en la casa IV me llamó mucho la atención, porque tenía un pasaje que duraba sólo veinte días, pero todos esos planetas estarían en esa casa durante todo un año, que es el de la revolución. Algo no cuadraba desde ya. Sumado a ello, otro hecho que me hizo reflexionar es que Plutón se encuentra en la casa II y Plutón se vincula con las pérdidas. Si se trata de dinero, como anuncia la casa II, habrá falta de dinero; si posees algo que puedas conservar, dejarás de poseerlo. Así que este quiebre, esta ruptura que señala Plutón era importante para mí. A su vez, ese Plutón en II está mal aspectado, es decir, en tensión con otros planetas, lo cual acrecienta sin duda alguna las posibles dificultades. Se halla en cuadratura con Marte, ubicado en la casa de los viajes al exterior, la IX. O sea, en la casa IX donde está puesta la energía para viajar, esa tensión con Plutón en II señala que perdería algo. Esa presencia es muy significativa. Hay un Marte en quincuncio con Plutón, Plutón en la II y Marte en la casa IX. Esto significa que voy a perder algo y que esa pérdida está relacionada con los viajes, con mi expansión, con lo que fui a realizar. Por otro lado, observamos la presencia de Urano, que es el planeta del cambio, ubicado en la casa V, el área de la creatividad, que representa todas las actividades que realizamos; por lo tanto, Urano en V es señal de que voy a cambiar mis actividades y ese Urano, además, se encuentra en oposición a Saturno, ubicado en la casa XI, área de los grupos, los amigos, de la apertura y la creatividad grupal. Es decir, voy a cambiar lo que hago de forma personal, careceré de un grupo de contención de amigos y, en ese ámbito, habrá límites y dificultades. Por lo tanto, mi visión general hasta el momento es que pasaría este año de revolución solar en la casa de madre, durante mucho tiempo más que los veinte días que tenía planificado quedarme. Resultaba muy llamativo que hubiera tanta información planetaria en la casa III, IV y V; obviamente en la casa IX, porque viajé, y Saturno en XI, que indicaba cierta reclusión y una posición aislada, y un Plutón en II, que anunciaba pérdidas.

Otros elementos característicos en esta carta: una Luna en Capricornio en la casa III, el área del conocimiento, conjuntamente con mi Luna en Capricornio natal, lo que es índice de aferrarme a mis afectos y de que estoy mental y emocionalmente fuerte y ligada a mi lugar de origen, a mi casa y a mi madre. Por otro lado, la oposición de Plutón y Marte en este caso también podía referirse a la pérdida de la figura masculina, ya que en la revolución solar, Marte también habla del hombre presente en mi vida si estoy en pareja, y de hecho, tenía problemas en mi pareja y me estaba separando de mi marido, pero no de modo inmediato.

Otro elemento llamativo. El Sol es el planeta que indica lo que la persona hará para ser feliz en el año de consulta. El Sol de esta carta no sólo está en la casa IV, de la familia, en este caso, el hogar de origen, sino que también representa el clima en familia, la prevalencia de lo hogareño y familiar, de la infancia, y sumado a ello, este Sol está en conjunción con Neptuno, con Venus, con Quirón y comparte la misma casa astrológica con Júpiter. Todo este conjunto *(stellium)* significa que yo estoy soñadora, tengo ilusiones, me siento feliz, por Venus, me noto completa, me siento contenida, considero que no me faltará nada, pienso que puedo remediar asuntos con mi familia por haberme ido en el pasado. Resumiendo, es demasiada información planetaria para un viaje de sólo veinte días. Además hay que agregar una oposición de Marte en la casa de los viajes. Marte representa la energía, el lugar hacia donde uno se dirige. Y, como tengo Marte en IX, es evidente que estoy viajando, de hecho, ya había viajado a Buenos Aires. El problema es que ese Marte no sólo estaba en cuadratura con mi Plutón en II, el que anunciaba pérdidas, sino en tensión con todos los planetas presentes en la casa IV, de la familia. La pregunta se me imponía: ¿qué iba a hacer durante un año, si sólo tenía un pasaje para veinte días y debía regresar a mi lugar de residencia, Madrid? Lo primero que acudió a mi mente fue saber que debía tener cuidado con mis posesiones, porque podía perderlas y que, además, debía tener en claro qué iba a hacer en Argentina, porque hay muchas posibilidades de que me dedicara a aprender, a estudiar o a hacer a algo diferente, dada la posición de Urano en V. Podía significar que me pondría a estudiar algo que me gustara mucho, porque en la casa III estaba el afecto representado por la Luna unido al conocimiento y el aprendizaje. Y algo así sucedería en un futuro próximo, ya que me concentré nuevamente en estudiar astrología, tema del que ya me ocupaba desde la adolescencia, y también en realizar un curso de escritura, efecto de mi Mercurio junto a la Luna en la casa III, el área del conocimiento.

Los hechos reales revelaron sorprendentes coincidencias con mis observaciones de esta revolución solar. Nunca volví a Madrid, porque la compañía aérea a la que había comprado el pasaje quebró y, a la semana de estar en Buenos Aires, me enteré de que ya no existía más y de que si no volvía en ese mismo momento no me devolverían el dinero del pasaje. Mi marido ya había regresado a Madrid, así que decidí quedarme en Buenos Aires un tiempo más hasta saber qué iba a hacer con mi vida. En ese mismo intervalo, me separo de mi marido, aunque no fue definitivo, hubo luego varias idas y vueltas, pero esa ruptura que observé respecto a la posición de Marte se refería a él. Mi marido regresa tiempo después a Madrid, mientras yo me quedo con mis hijos en la casa de mi madre, y nunca más volví a España. Durante este tiempo que relato, estuve aislada en la casa y como no sabía bien qué podía hacer, me puse a estudiar, tal como relaté. En esta revolución solar se observa todo lo que sucedió luego. Comencé a cambiar, seguí estudiando y meses más tarde acabé trabajando en una editorial para una revista de astrología. Ésa es la razón de que ese Urano en V estuviera ubicado en el signo de Piscis, vinculado con una actividad creativa más espiritual, más esotérica y humanística.

Éste es el final de mi historia, pero volvamos a la revolución para reforzar algunos aspectos de cuestiones que sorprenden. En la carta se observa una cuadratura entre la casa IV y la del ascendente, casa I, Júpiter es quien está en cuadratura. Cuando Júpiter está en cuadratura, sobre todo con un ascendente, dado que Júpiter representa los viajes, literalmente, la persona no se puede mover, no puede salir de donde está, y esta cuadratura es muy potente dado que es casi exacta, sólo está 4 grados de diferencia. Es decir, indica gran tensión entre dos planetas y hay que tomarla muy en cuenta. En este caso, es una cuadratura exacta entre Júpiter y el ascendente. Y si bien la casa I, del ascendente, no tiene planetas, presenta este aspecto de tensión significativo. Otro factor muy llamativo son las cuadraturas con Marte, ya que Marte representa la acción. Marte es el que sale, está en IX, la casa de los viajes, pero con relación a su hogar no puede actuar porque se halla en tensión con esa casa; por eso me encuentro aislada, esto es lo que significa ese quincuncio con respecto al viaje, que no puedo salir, por falta de dinero, por estar sin pasaje, por no tener recursos para comprar otro, por temer por el futuro de mis hijos. Por otra parte, los estudios que me dediqué a realizar estaban marcados en la carta, y señalaban que ése era un buen año para estudiar, porque hay un aspecto muy positivo de trígono entre la Luna en la casa III y Urano en la casa V. Es decir, la actividad a la que me iba a dedicar iba a ser una actividad uraniana, como lo es la astrología, y así fue, estudié astrología, cambié de actividad y terminé trabajando en una revista dedicada a esta materia. Finalmente, la revolución solar me aconsejó bien y predijo lo que finalmente acabé haciendo. Un Urano que tiene cuadratura con Plutón, lo mismo que ese Plutón en cuadratura con Marte y con Saturno, me anunciaban que iba a perder en el camino muchas cosas. De hecho, no recuperé ni mi pasaje ni las cosas que dejé en Madrid, además de los afectos, y cambié de casa, de trabajo y de país.

Ésta es una traducción sintética sobre cómo analiza un astrólogo una carta, sobre las preguntas que se hace, el intercambio que mantiene con el consultante para comparar estos datos con su carta natal y con lo que la persona quiere saber y le sucede para, finalmente, concluir ciertas hipótesis sobre lo que podría acontecerle. Sobre la base de todo ello y, sobre todo, de lo que el consultante desee, la revolución solar constituirá una guía y consejos sobre el mejor modo de conducirse ante esas circunstancias.

ÍNDICE